卓越幼师培养系列

U1005836

学前教育专业岗证赛综合实训指导

崔宝秋　商传辉　编著

幼乐美（北京）教育科技有限公司　组编

電子工業出版社
Publishing House of Electronics Industry
北京·BEIJING

内容简介

本书以学生入校接受职业教育为起点，梳理幼儿教师岗位的主要技能——保育技能、教育技能、管理技能和研究技能，以技能为目标组织内容。本书在编写过程中，力求实践经历与反思建构相促进，利用信息化教学手段，将幼儿教师岗位技能培养、教师资格证考试及职业技能大赛融为一体。本书突出学校与幼儿园交替进行专业教学与人才培养，以形成实践内容全程化、实践场所多元化、实践方式多样化的实践教学特色，起到了合作育人的效果。

本书可作为学前教育专业的教材，也是广大幼儿教师的有益读本。

未经许可，不得以任何方式复制或抄袭本书之部分或全部内容。
版权所有，侵权必究。

图书在版编目（CIP）数据

学前教育专业岗证赛综合实训指导 / 崔宝秋，商传辉编著. —北京：电子工业出版社，2020.12
ISBN 978-7-121-40139-8

Ⅰ. ①学… Ⅱ. ①崔… ②商… Ⅲ. ①学前教育－高等学校－教材 Ⅳ. ①G61

中国版本图书馆CIP数据核字（2020）第243214号

责任编辑：朱怀永
印　　刷：北京京师印务有限公司
装　　订：北京京师印务有限公司
出版发行：电子工业出版社
　　　　　北京市海淀区万寿路173信箱　邮编　100036
开　　本：787×1092　1/16　印张：17.25　字数：438千字
版　　次：2020年12月第1版
印　　次：2020年12月第1次印刷
定　　价：51.80元

凡所购买电子工业出版社图书有缺损问题，请向购买书店调换。若书店售缺，请与本社发行部联系，联系及邮购电话：（010）88254888，88258888。

质量投诉请发邮件至zlts@phei.com.cn，盗版侵权举报请发邮件至dbqq@phei.com.cn。

本书咨询联系方式：（010）88254608或zhy@phei.com.cn。

前　言

根据《国务院办公厅关于深化产教融合的若干意见》和《职业学校校企合作促进办法》的要求，结合教育部《关于印发普通高等学校师范类专业认证实施办法（暂行）》（教师〔2017〕13号）的精神，锦州师范高等专科学校与幼乐美（北京）教育科技有限公司，携手推进人才培养模式和实践教学体系的改革研究和探索，逐渐完善了基于岗证赛融合的学前教育专业实践教学体系。其中，“学前教育专业岗证赛综合实训指导”课程和配套教材是研究和探索成果之一。“学前教育专业岗证赛综合实训指导”课程以学生入校接受职业教育为起点，通过综合实训周（校内实训与校外实习相融合），做到实践经历与反思建构相互促进，应用信息化教学手段，将幼儿教师岗位技能培养、教师资格证考核及职业技能大赛融为一体，同时将ISO 9001质量管理理念和教师职业情感纳入实践教学全程，做到全程育人、协同育人。

“学前教育专业岗证赛综合实训指导”课程充分利用了多功能仿真模拟实训软件及设备，结合幼儿园的不同岗位，通过四个学期的校内综合实训教学和校外的见习工作，明确幼儿园各个岗位所需的知识、能力和素质，培养学生的职业技能和职业素养。本书在编写中，结合教师资格证考试和职业技能大赛，核心单元中都设置了知识链接、考证真题和单元检测等环节，便于学生有目的地进行学习和训练。

本书由锦州师范高等专科学校崔宝秋教授和幼乐美（北京）教育科技有限公司教育研究院商传辉院长提出总体框架与思路，具体编写分工如下：绪论由崔宝秋、商传辉负责编写；模块一职业认知体验的任务一由关青编写，任务二由崔宝秋编写；模块二保育技能训练的单元一由关青编写，单元二中任务一由关青编写，任务二、三由丁玉编写，单元三由孟祥玲编写；模块三教育活动指导的单元一由关青编写，单元二中任务一由孟祥玲编写，任务二、三由丁玉编写，单元三由孟祥玲编写；模块四班级管理指导的单元一中，任务一、二由姚向军编写，任务三由丁玉编写，单元二由丁玉编写；模块五综合技能提升的单元一由丁玉编写，单元二由崔宝秋编写。在稿件审核阶段，幼乐美（北京）教育科技有限公司董事长陈洪秋先生，锦州师范高等专科学校王晓莉、裴莹等老师，辽宁省锦州市凌河区中心幼儿园董志杰园长，辽宁省锦州市古塔区第一幼儿园任之英园长等提出了宝贵的修改建议。全书最后由崔宝秋教授整理定稿。

鉴于编者水平有限，书中还有很多不足和遗漏之处，希望学前教育的专家、教师，以及使用本书的学前教育专业的学生提出宝贵的意见和建议。

编　　者

2020 年 5 月

目录

CONTETNS

绪　论

一、基于岗证赛融合的综合实训体系的构建

1. 基于岗证赛融合的专业人才培养体系

依据《教育部关于加强高职高专教育人才培养工作的意见》《国务院办公厅关于深化产教融合的若干意见》《职业学校校企合作促进办法》《普通高等学校师范类专业认证实施办法（暂行）》，编者所在学校更新了人才培养理念，深度推进学校与幼儿园、民办教育机构在实训基地建设、课程开发、协同育人等方面的广泛合作，构建了岗证赛融合的人才培养体系。其中，“岗”是指与学前教育专业相对应的职业能力，具体包括岗位所需的知识、技能和素质，就是要根据幼儿园的实际岗位要求，以工作任务为导向，进行课程及教学内容的整合与设计；“证”是指根据教育部关于师范专业认证的要求，学前教育专业学生就业前必须取得的学前教育资格证书，将考试中所涉及的内容纳入课程体系，能有效提高学生参加资格考试的通过率，同时提高学生的就业竞争力；“赛”是指职业技能大赛，职业技能大赛体现了高职院校培养高端技能型人才的要求。“岗证赛”三者的有机融合有利于加强校企合作、深化工学结合、强化技能训练、创新培养模式。在基于岗证赛融合的专业人才培养体系中，“岗”是人才培养体系中的基础和出发点，“证”是考核人才培养体系是否落实的手段，而“赛”则是检验人才培养体系是否落实的平台。“证”“赛”最终为“岗”服务。在岗证赛融合的基础上，编者所在学校制定了人才培养方案和课程体系，并且形成了具有特色的综合实训周——校内综合实训和校外见习有机交错融合模式。

2.校内综合实训和校外见习有机交错融合模式的构建

基于岗证赛融合的人才培养，以幼儿园工作岗位为引领，以职业资格证为手段，以技能大赛为平台，以培养学生职业技能和素养为根本，不断完善课程结构和内容，形成了校内实训周和学生见习相融合交错的教学体系。以高职学前教育专业（三年制六个学期）为例，基于岗证赛融合的实践教学体系主要由适岗、跟岗、试岗、顶岗四个阶段组成，即第一学期适岗，第二、三学期跟岗，第四、五学期试岗，第六学期顶岗。其中，校内实训主要以综合实训周的形式展开，即在智慧教室中，学生通过“专业基本技能虚拟仿真实训平台、专业网络资源共享与学习平台”模拟岗位工作内容、培养专业能力；在幼儿园通过参加见习进一步巩固知识，提升专业技能水平。通过学校与幼儿园交替进行，形成了实践内容全程化、实践场所多元化、实践方式多样化的实践教学特色，起到了合作育人的效果。

在实践教学体系中，编者所在学校将幼儿教师岗位的主要技能——保育技能、教育技能、管理技能和研究技能分布在不同学期进行培养和训练。通过校内综合实训和校外见习实践、每个学期末学生职业技能过关考核、职业技能大赛、幼儿教师资格证考试等环节不断提升这些技能，最后保证学生在顶岗实习前能够全面适应幼儿教师工作。学期校内综合实训周教学实践和校外幼儿园见习实践有机交错融合，形成了独特的实践教学体系。具体如下：第一学期安排一天，主要通过学校教学资源和到幼儿园了解幼儿园中幼儿的一日生活，梳理幼儿园教师的工作内容和学前教育事业发展规划及相关政策法规等；第二学期在校内智慧教室安排四个半天，安排一日生活组织、教学活动观察、区域活动设计及幼儿饮食与疾病预防等活动项目，然后到公办幼儿园见习一周，将智慧教室学到的知识和技能运用到幼儿园的教学和管理中；第三学期的第一周在校内安排教学活动设计组织指导、班级区域活动指导、户外游戏活动设计、班级安全环境创设、幼儿意外伤害处理等活动项目，同时进一步复习和巩固幼儿园中幼儿一日生活的重点内容，第二周到幼儿园进行教育活动设计指导见习；第四学期主要在校内智慧教室安排班级管理活动设计等活动项目，同时重点模拟教师资格证考试和训练面试技巧，然后安排学生到私立幼儿园见习一周，主要围绕班级管理、家园共育及活动设计指导教学等进行集体实践。基于岗证赛融合的综合实训体系实训周活动安排表见表0-1。

表 0–1

项目 学期	校内实训		幼儿园实训	
	实训内容	形式与地点	见习（实训）内容	形式与地点
第一学期（适岗）	幼儿园园长或保教主任讲解幼儿园岗位的特点，使学生对幼儿园工作产生浓厚的好奇心理，萌发专业情怀	校内讲座或观察幼儿一日生活流程	1. 通过观察了解幼儿园保育员、教师工作的特点； 2. 了解幼儿的特点； 3. 了解幼儿园保教活动的特点	每个班级到公立幼儿园观察一天
第二学期（跟岗）	1.幼儿园一日生活活动； 2. 初步参与幼儿园教学活动； 3. 幼儿园户外游戏活动（安全）、区域活动（区域设置）； 4. 幼儿园营养饮食、疾病预防与安全教育	在智慧教室等实训室，每个班级实训四个半天	1. 观察、体验、实习操作保育员工作； 2. 观察、了解、记录幼儿园一日生活活动、教学活动、户外游戏活动、区域活动、营养饮食、疾病预防与安全教育活动	每个班级到幼儿园见习一周，以公立幼儿园为主，民办幼儿园为辅

续表

第三学期（跟岗）	1. 丰富幼儿园一日生活活动； 2. 幼儿园教学活动； 3. 幼儿园户外活动（方案）、区域活动（指导）、节日活动（方案）； 4. 意外伤害处理； 5. 幼儿观察与指导	在智慧教室等实训室，每个班级实训四个半天。利用一个半天模拟教师资格证考试	1. 观察、记录、深入了解幼儿园各种集中教育活动； 2. 配合班级教师组织幼儿园一日生活活动、教学活动、游戏活动、家园联系等活动。 3. 展示公开课	每个班级到幼儿园见习一周（公立幼儿园与民办幼儿园数量相当）
第四学期（试岗）	1. 教师资格证考试的面试训练； 2. 了解对幼儿教师的语言、礼仪，以及师德、法规等方面的内容； 3. 主题教育活动设计与指导； 4. 专业环创设计等； 5. 教育科研指导	在智慧教室等实训室，每个班级实训一至两个半天，模拟教师资格证的面试	1. 教育活动设计与实施；2. 参与班级管理，设计节日活动等； 3. 增强教育法律法规意识和加深对幼儿园教师的专业情怀	每个班级到民办幼儿园见习一周，参与幼儿园教学活动

学生通过四个学期的校内外的综合实训与见习实践，基本上可以掌握幼儿园各个岗位的基本技能，提升了大赛经验，促进了对教师资格证考试的理解和面试能力提升，为能顺利通过教师资格证考试奠定了基础，同时为到幼儿园集中实习和顶岗实习的顺利进行做好了思想保证和技能保证。

二、综合实训教学活动的实施

1.选择合作幼儿园

在校外实训基地（幼儿园）的选择上，从公立幼儿园逐渐过渡到私立幼儿园。在公立幼儿园的选择上，从星级示范幼儿园逐渐过渡到社区和街道幼儿园，这主要为第五、第六学期集中实习和顶岗实习（做到与就业相结合）打基础和做铺垫。在星级示范幼儿园，主要以“跟岗”为主，提高学生岗位适应能力，了解先进的保教理念，掌握规范的基本技能。在私立幼儿园，以“试岗”实践为主，也是为“顶岗”实践奠定基础，逐步适应角色转换，提高学生的核心专业能力与素养。从示范幼儿园的学习到私立幼儿园的顶岗实践，建立层级体验和实践，体现良好联动机制，有助于增强职业认识、职业兴趣和职业情感，形成娴熟的职业技能，建立稳定的职业信念。

2.组建“双导师”队伍

综合实训周活动实践教学“双导师”模式实际上就是学校和幼儿园各安排一名实习指导教师共同管理见习（实习）学生，指导学生提高保教能力和职业素养。学校和幼儿园通过“共建、共育、共管”方式，确保每个育人环节顺利实施。学校为每个班级安排一名指导教师，如没有特殊情况，该指导教师从学生入校开始担任该班的专业技能指导教师，全面负责学生的专业技能培养与指导。校内教师要全面了解学生的专业技能发展情况，要清楚实践教学的整体安排，有针对性地进行指导。另外，教师要知晓六步教学法，能合理运用信息化教学资源，突出对教学实训的掌控力。幼儿园选聘具有教育理念先进、教学经验丰富、教研能力较强的一线优秀教师担任每名见习（实习）学生的指导教师。学校和幼儿园分别建立实习指导教师花名册，记载指导教师的详细情况，明确工作职责。学校和幼儿园定期对“双导师”开展业务指导和专题培训，提升其实习指导能力。对“双导师”成员采取动态调整机制。

3.完善考核评价体系

在综合实训活动中增加考核机制，完善评价体系。首先，学校成立以系主任为组长的考核领导小组，教学副主任担任副组长，成员包括教研室主任、实习指导教师和幼儿园教师等。系主任做好规划指导工作，教学副主任做好考核落实、协调等具体工作。其次，将职业技能考查和教师资格考试的内容有机融合到综合实践考核中，确定每个学期职业技能考核的重点和评分标准。如第一学期安排的教学内容有普通话、儿童画，第二学期安排的教学内容有钢笔字、粉笔字、讲故事、儿童舞、现代教育技术、简笔画，第三学期安排的教学内容有教育活动设计、唱歌表演、舞蹈表演，第四学期安排的教学内容有试讲、说课等。最后，在集中考核的过程中，邀请幼儿园指导老师参与，做到考教分离，提升考核质量。每次考核成绩记录在实践教学指导手册中。每次考核后，组织评委结合考核成绩，做出细致、全面的分析。通过分析总结，建立反思机制，最终形成信息收集、整理、分析、反馈和改进的实践教学评价闭路循环机制。学生也可通过本书明确学习的目标和过程，针对自己不熟悉的内容可以通过扫描本书中的二维码来了解学习的内容，也可以通过实习日志记录自己的实习过程，甚至可以在实训周训练过程中通过互相评价来提升模拟实践能力。

三、本书特色

第一，实训内容体现岗证赛融合。综合实训教学将岗位技能、幼儿教师资格证考试内容和职业技能大赛有机融合。在智慧教室中通过实训再现幼儿园的真实情景，巩固幼儿教师岗位技能；同时结合教师资格证考试和职业技能大赛的内容，在每个单元中安排了知识链接、考证真题和单元检测等环节，便于学生在实训过程中再现教师资格证考试试题，进而了解实训的重要性，深化知识点，提升应变能力。

第二，技能考核体现“1+X”证书制度。综合实训的每个学期都要开展职业技能过关考核。考核内容来自综合实训要点、学期专业基本重点、职业技能大赛和教师资格证面试等。尤其做到了引入第三方对学生进行不同项目“X”的职业技能过关考核，记录学生单项成绩，为合格者颁发合格证书，进而保证学生在第五或第六学期通过教师资格证考试，同时为参加专业技能大赛打好基础。

第三，编写体例体现工作任务活页式。本书按照工作任务活页式体例进行编写，充分发挥学生主动性和团队协作的特点，通过实训有助于培养学生自我评价、自我反思和团队合作精神，有助于培养学生的创新思维。

第四，能力培养体现学习循序渐进。“学前教育专业岗证赛综合实训指导”课程以学生入校接受职业教育为起点，以胜任幼儿园保教岗位为目标。实践教学紧扣工作岗位专业能力需要，按照夯实基础、层层递进和逐步提高的思路，通过校内实训与校外见习（实习）相结合，课堂教学与仿真模拟相融合，实践经历与反思构建相促进，应用信息化教学手段，由简单的职业体验、保育员技能，到教育活动设计与指导、班级管理、家园共育、开展主题教育活动与科学研究，实现层层提高。见习日志不仅仅是见习过程的记录，更重要的是能看到自己的能力在不断提升。

第五，信息化技术的深度应用。为便于学生在智慧教室以外或见习（实习）中遇到类似问题时处理相关问题并获取相关知识，学生可利用手机扫描书中二维码查看相关视频。另外，学生可以自己录制模拟视频或见习视频，制作后放到见习日志中，便于学生、指导教师、技能考核评委通过扫描二维码来了解学生的见习（实习）及职业技能过关考核情况。

模块一　职业认知体验

背景介绍

人生百年，立于幼学；人之成才，始于幼师。幼儿健康及全面发展的实现，不仅依赖于幼儿教师有目的、有计划地组织开展学习活动，还依赖于幼儿在班级参与的日常生活活动。在本模块的实践教学中，学生通过观看、记录、分析、体验、反思、评价等过程，了解幼儿园一日生活活动，了解幼儿特点，了解幼儿园保育员、教师的工作内容及特点，了解我国学前教育事业发展规划，获得初步的职业认知，以及热爱幼教事业、热爱幼儿的积极情感体验，这对于他们加强专业理论学习，萌发专业情怀，提升使命感、责任感，为将来选择与从事幼教工作有着特别重要的意义。

模块目标

1. 了解幼儿一日生活的主要环节和一日生活的教育意义。
2. 初步了解幼儿生活常规教育的要求与培养幼儿良好生活、卫生习惯的方法。
3. 获得初步的职业认知，以及热爱幼教事业、热爱幼儿的积极情感体验，提升使命感、责任感，为将来选择与从事幼教工作做好心理准备。
4. 了解我国学前教育事业的发展规划和相关政策与法规。

任务一 了解幼儿一日生活

1.任务描述

（1）观看幼儿园虚拟仿真实训平台中有关幼儿一日生活环节的相关影像资料，初步了解幼儿一日生活内容，以及各环节教师的工作内容与要求，完成表1-1-1-1所示工作表单。

乐博士说一日流程

晨间接待

乐美说盥洗

乐美说进餐

乐美说如厕

乐美说喝水

乐美说午睡

乐美说离园

（2）结合幼儿园中幼儿一日生活，你认为幼儿教师应具备哪些知识、技能和能力，完成表1-1-1-2所示工作表单。

（3）完成工作表单后，以小组为单位推选代表发言。

2. 工作表单

表 1-1-1-1

项　　目	翔实记录
对幼儿、幼儿教师、幼教工作的认识	
幼儿一日生活环节及各环节教师的工作内容与要求	

表 1-1-1-2

项　　目	翔实记录
幼儿教师应具备的知识、技能、能力等	

3. 反思评价

（1）结合本次任务，请写下你的反思。

我的反思：____

____

____

（2）对自己完成的工作表单分别进行评价，填写表1-1-1-3。

表 1-1-1-3

工作表单	完成度	自评打分
工作表单 1-1-1-1	☆☆☆☆☆	☆☆☆☆☆
工作表单 1-1-1-2	☆☆☆☆☆	☆☆☆☆☆

注：★★★★★表示优秀，★★★★☆表示良好，★★★☆☆表示及格，★★☆☆☆表赤一般，★☆☆☆☆表示较差。

4. 学习支持

1）幼儿一日生活内容

幼儿一日生活内容及教师一日工作流程见表1-1-1-4。

表 1-1-1-4

时间	幼儿生活内容	教师工作	具体要求
7:20—7:30	幼儿入园前，教师入园	教师整理个人内务	教师要在7:20前到园里，7:30前换衣服、鞋子等，整理好自己的内务，7:30准时站在班级门口等候迎接幼儿及家长
7:30—7:50	幼儿入园	接待入园幼儿；组织晨间活动；早餐前准备	接待入园幼儿：（1）教师在班级门口站好，等候迎接幼儿及家长。（2）教师要热情、有礼貌地接待幼儿和家长并问好，用简洁的语言与家长沟通交流，做好需要在幼儿园服药的幼儿的药品交接工作，并和家长一起在记录本上签名。（3）教师指导幼儿及家长叠放衣服，放在固定衣帽箱内。 组织晨间活动：可以组织幼儿做值日生工作、区域活动，还可以进行个别谈话，观察幼儿的情绪状态。 早餐前准备：（1）教师要创设良好的进餐气氛，组织并指导幼儿轻拿轻放椅子并坐在桌前，椅子与桌子约一腿间隔。（2）教师要提示幼儿洗手，并指导其用正确方法洗手。（3）教师可以指导值日生分发餐具、餐巾，轻拿轻放，摆放整齐。（4）向幼儿科学地介绍饭菜营养，激发幼儿进餐欲望

（续表）

7:50—8:20	幼儿早餐	指导幼儿正确进餐	（1）指导幼儿正确使用餐具，养成良好的进餐习惯：右手拿勺，左手扶碗，喝汤时两手端着碗；进餐时不大声讲话，不随便说笑打闹，细嚼慢咽，不挑食，不用手抓食物，不将饭菜塞满嘴，不剩饭菜，不弄脏桌面、地面和衣服，食物残渣放在指定的地方，不将不吃的饭菜挑在别的小朋友碗里，饭和菜、干点与稀饭搭配着吃，不吃汤泡饭等。（2）幼儿进餐时，教师不得离开孩子周围，要进行巡视，观察、指导、照顾幼儿进餐：观察幼儿食欲、进食量，随时添饭、添菜，不催食，纠正偏食、挑食等行为，照顾好体弱儿和进餐慢的幼儿，让他们吃饱吃好，提醒幼儿饭后擦嘴、洗手、漱口等
8:20—8:30	幼儿盥洗准备做早操	指导幼儿盥洗、组织幼儿准备做早操	（1）组织、指导幼儿有秩序如厕，注意提醒幼儿不要拥挤、打闹，以免发生不安全事故，培养良好行为习惯并形成班级常规。（2）教师要帮助托、小班幼儿脱、提裤子，教育幼儿有便意时大胆告诉老师，不拉尿裤子；教师要指导中、大班幼儿独立如厕，便后冲刷厕所。（3）教育幼儿不随地大小便，便后洗手，节约用水。（4）组织幼儿穿衣、站队、安全检查（衣服、鞋带等），提醒幼儿出教室及上下楼梯不要拥挤、打闹，靠右侧通行。（5）清点人数等
8:30—8:50	早操	带领幼儿做早操	（1）教师要注意力集中，以饱满情绪、面带微笑地带领幼儿做操。（2）教师动作要熟练、规范、到位、优美。（3）可以适当提示幼儿动作要规范、整齐

（续表）

8:50—9:00	进教室	组织幼儿进教室、如厕、洗手、喝水	（1）指导幼儿正确进走廊和上楼梯：不要拥挤、打闹，靠右侧通行，上楼梯时可以右手扶栏杆。（2）进活动室后，教师要全面观察幼儿如厕、洗手、喝水的情况，具体要求同上（指导幼儿有序如厕，提醒不要拥挤、打闹；帮助托、小班幼儿脱、提裤子，教育幼儿有便意时大胆告诉老师，不拉尿裤子；指导中、大班幼儿独立如厕，便后冲刷厕所；教育幼儿不随地大小便，便后洗手，节约用水）（观察、提示、指导幼儿用正确方法洗手）（教师要掌握幼儿饮水量，保证饮水量充足，根据幼儿身体状况、活动量大小及天气情况及时调整饮水量）
9：00—9：15（小班） 9：00—9：20（中班） 9：00—9：25（大班）	第一个集中活动	组织幼儿进行集中教学活动	（1）提前一周备课，教育活动内容符合当天备课内容。（2）做好活动前的材料准备工作，组织活动要有教、学具。（3）以游戏为基本活动，激发幼儿参与兴趣，为幼儿提供充分的动手、动脑、动口的机会。（4）为幼儿营造与提供宽松、愉快、平等的活动氛围，集体与小组活动形式相结合，关注个别幼儿。（5）提示幼儿正确的课堂常规：正确的坐姿、看书握笔姿势，以及举手发言等
9：25—9：40	集中活动后休息、盥洗	组织幼儿如厕、洗手、喝水	同 8:50—9:00 时间段活动的具体要求
9：40—10：10	第二个集中活动	组织幼儿进行教学活动	同第一个集中活动的具体要求
10：10—10：20	幼儿集中活动后休息、盥洗	组织幼儿如厕、洗手、喝水	同 8:50—9:00 时间段活动的具体要求

（续表）

10:20—10:50	活动区活动	指导幼儿在活动区活动	（1）组织幼儿有序进入活动区，正确取放入区卡。（2）提供丰富、有趣的活动材料与游戏玩具。（3）保证幼儿有充足的自选活动时间。（4）指导幼儿正确使用材料及游戏玩具。（5）指导幼儿正确取放玩具，整理区域材料。（6）引导幼儿评价活动区活动
10:50—11:00	餐前准备	组织幼儿餐前如厕、洗手	同早餐前准备的具体要求
11:00—11:30	午餐	组织幼儿吃午餐，培养良好的进餐习惯	同幼儿早餐的具体要求
11:30—11:50	餐后活动及午睡准备	保育员分发间食并巡视，教育幼儿不乱扔垃圾，注意桌面清洁及个人卫生，进行静活动并清点人数	（1）餐后组织幼儿盥洗，要求同上。（2）组织幼儿进行静活动，夏季可组织幼儿适当散步，稳定幼儿情绪。（3）清点人数，早晚班老师做好交接班并做好记录。（4）听音乐后进寝室，指导幼儿脱鞋子并摆正鞋子，幼儿上床后正确脱衣、裤并叠放整齐，放在固定位置，同时铺平被褥，放平枕头，仰卧或右侧卧，盖好被子，闭上眼睛，安静入睡
12:00—14:00（大中班） 12:00—14:30（小班） （下同）	午睡	值午睡	（1）教师不得以任何理由坐、躺在孩子床上（特殊情况除外）。（2）不串班、不闲聊、不干私活、不接打电话、不打瞌睡。（3）随时观察幼儿是否盖好被、蒙头睡、起床大小便及保持正确的睡姿等

（续表）

14:00—14:20（大中班）14:30—14:40（小班）	起床、盥洗	帮助幼儿起床，组织如厕、洗手、梳理、整理衣装	（1）组织幼儿按时起床。起床时，观察幼儿的情绪有无异常，指导、帮助幼儿穿衣，整理床铺，提醒、帮助起床动作慢的个别幼儿。（2）组织幼儿集体到活动室盥洗（盥洗要求同上）。如有个别幼儿急于上厕所，教师有权要求保育员带领幼儿如厕。（3）幼儿进入活动室后，要逐一检查幼儿的衣服、鞋带，指导、帮助幼儿梳头
14:20—14:30（大中班）14:30—14:55（小班）	间食	组织幼儿吃间食	（1）检查幼儿洗手质量，指导幼儿正确吃不同的间食。（2）幼儿吃间食期间，教师不得说话、闲聊，配合保育员分发间食并巡视，教育幼儿不乱扔垃圾，注意桌面清洁及个人卫生
14:30—14:35（大中班）14:55—15:00（小班）	准备户外活动	组织幼儿站排	（1）活动前，提醒幼儿注意安全并检查着装、鞋带，避免不安全因素。（2）教育幼儿上、下楼梯有秩序，不推、不挤
14:35—15:10（大中班）15:10—15:25（小班）	户外活动	组织幼儿进行户外活动	（1）户外活动应有计划、有目的，玩具充分，适合幼儿的年龄特点。（2）保证幼儿户外活动时间，活动量适当，集体活动与分散活动相结合，动静交替。（3）交代清楚活动规则，提示幼儿注意安全，关注照顾个别幼儿。（4）尊重幼儿游戏意愿，引导幼儿评价游戏。（5）清点幼儿人数，回活动室，提醒幼儿上下楼梯注意事项
15:10—15:20（大中班）15:25—15:35（小班）	进活动室、盥洗	组织幼儿进入活动室，指导幼儿盥洗	组织幼儿进入活动室，指导幼儿盥洗，要求同上

（续表）

15:20—15:50（大中班）15:35—15:55（小班）	活动区活动	指导幼儿在活动区进行活动	同上午活动区活动的具体要求
15:55—16:00	组织幼儿盥洗及晚餐前准备	指导幼儿盥洗及等待开晚餐	同早餐的具体要求
16:00—16:20	晚餐	指导幼儿正确进餐	同早餐的具体要求
16:20—16:30	准备离园	帮助幼儿做好离园准备工作	（1）组织幼儿进行梳洗，整理服装、鞋子等。（2）与幼儿进行简短谈话，回顾一天的生活，鼓励他们的进步，提出新的要求。（3）提醒幼儿离开班级及回家途中的注意事项，进行安全和爱集体教育（不跑、不打闹、不独自离园、不和陌生人走、不损坏幼儿园玩教具及一草一木等）
4:30—5:00	离园	接待家长、进行简短交谈沟通	（1）积极、主动、热情地和幼儿及家长话别。（2）有计划、有目的地向家长介绍幼儿在园实际情况，有针对性地向家长提出指导性建议，相互配合，实现家园共育。（3）高度负责地把每个幼儿安全地交给家长，严禁出现幼儿自己离班、离园、被陌生人接走等现象。陌生人接幼儿时，教师首先与家长取得联系，确实得到家长同意，方可把幼儿交给陌生人。（4）如有个别家长接幼儿较晚，教师要与家长沟通情况，并耐心带领幼儿等待家长，不得在言行上有任何不高兴的情感流露

2）幼儿教师基本技能

保育技能：组织、照顾与指导幼儿一日生活（包括入园晨间接待、盥洗、饮水、进餐、午睡、如厕、离园等环节）和幼儿疾病预防、幼儿意外伤害处理等技能。

教育技能：幼儿园班级集中教育活动、区域活动与户外游戏活动的设计与实施，以及班级安全环境创设等技能。

管理技能：进行班级管理、制订教学工作计划，一日生活的整体规划和各个环节的转换、衔接，紧急情况时的应急处理，以及开展家园共育活动、策划组织节日活动等技能。

研究技能：幼儿园教师应具有初步的研究技能，主要包括信息数据的收集、整理及，以及分析、教学反思、保教研究等。幼儿园教师应善于主动收集、分析相关信息，不断进行反思，总结经验，改进保教工作。针对保教工作中的现实需要与问题，能进行探索和研究，创造性地提出自己的见解，进而探索和发现新的保教规律、方法和模式等，不断提高自身专业素质。

任务二　了解学前教育事业的发展规划和相关政策与法规

1. 任务描述

（1）学习《国家教育事业发展“十三五”规划》《国家职业教育改革实施方案》，了解学前教育事业的发展规划，将思考与讨论的结果填入工作表单 1-1-2-1。

（2）学习《中共中央国务院关于学前教育深化改革规范发展的若干意见》，国务院关于当前发展学前教育的若干意见，将思考与讨论的结果填入工作表单 1-1-2-2。

（3）完成工作表单后，以小组为单位推选代表发言。

国家教育事业发展“十三五”规划

国家职业教育改革实施方案

中共中央　国务院关于学前教育深化改革规范发展的若干意见

国务院关于当前发展学前教育的若干意见

2. 工作表单

表 1-1-2-1

政策与法规	翔实记录
《国家教育事业发展“十三五”规划》	
国家职业教育改革实施方案	

表 1-1-2-2

项目	翔实记录
《中共中央国务院关于学前教育深化改革规范发展的若干意见》	
《国务院关于当前发展学前教育的若干意见》	

3. 反思评价

（1）结合本次任务，请写下你的反思。

我的反思：____
____
____

（2）对自己完成的工作表单分别进行评价，见表1-1-2-3。

表 1-1-2-3

工作表单	完成度	自评打分
工作表单 1-1-2-1	☆☆☆☆☆	☆☆☆☆☆
工作表单 1-1-2-2	☆☆☆☆☆	☆☆☆☆☆

4. 学习支持

1）《国家教育事业发展“十三五”规划》中关于学前教育事业发展的论述（摘编）

继续扩大普惠性学前教育资源，基本解决“入园难”问题。以区县为单位实施学前教育行动计划及后续行动。支持企事业单位和集体办园，扩大公办学前教育资源。完善普惠性民办幼儿园扶持政策，鼓励地方通过政府购买服务、补贴租金、培训教师等方式，加快民办普惠性幼儿园的发展。发展0—3岁婴幼儿早期教育，探索建立以幼儿园和妇幼保健机构为依托，面向社区、指导家长的公益性婴幼儿早期教育服务模式。

提高幼儿园保育教育质量。健全学前教育管理体制，强化省级政府的统筹责任，落实县级政府发展学前教育和幼儿园监管的主体责任。加大对贫困地区、民族地区学前教育薄弱环节的扶持力度。建立学前教育质量评估监管体系，落实《幼儿园工作规程》，加强对各类幼儿园准入、安全、师资、收费、卫生保健及质量等方面的日常指导和监管，落实信息公示制度，强化社会监督。着力提升学前教育教师、保育员素质。

2）《中共中央国务院关于学前教育深化改革规范发展的若干意见》（摘编）

学前教育是终身学习的开端，是国民教育体系的重要组成部分，是重要的社会公益事业。办好学前教育、实现幼有所育，是党的十九大做出的重大决策部署，是党和政府为老百姓办实事的重大民生工程，关系亿万儿童健康成长，关系社会和谐稳定，关系党和国家事业的未来。

党的十八大以来，我国学前教育事业快速发展，资源迅速扩大、普及水平大幅提高、管理制度不断完善，“入园难”问题得到有效缓解。同时也要看到，由于底子薄、欠账多，目前学前教育仍是整个教育体系的短板，发展不平衡不充分问题十分突出，“入园难”“入园贵”依然是困扰老百姓的烦心事之一。主要表现为：学前教育资源尤其是普惠性资源不足，政策保障体系不完善，教师队伍建设滞后，监管体制机制不健全，保教质量有待提高，存在“小学化”倾向，部分民办园过度逐利、幼儿安全问题时有发生。为进一步完善学前教育公共服务体系，切实办好新时代学前教育，更好实现幼有所育，现就学前教育深化改革规范发展提出如下意见。

一、总体要求

（一）指导思想。以习近平新时代中国特色社会主义思想为指导，全面贯彻党的十九大精神和党的教育方针，认真落实立德树人根本任务，遵循学前教育规律，牢牢把握学前教育正确发展方向，完善学前教育体制机制，健全学前教育政策保障体系，推进学前教育普及普惠、安全、优质发展，满足人民群众对幼有所育的美好期盼，为培养德智体美劳全面发展的社会主义建设者和接班人奠定坚实基础。

（二）基本原则（略）

（三）主要目标

到2020年，全国学前三年毛入园率达到85%，普惠性幼儿园覆盖率（公办园和普惠性民办园在园幼儿占比）达到80%。广覆盖、保基本、有质量的学前教育公共服务体系基本建成，学前教育管理体制、办园体制和政策保障体系基本完善。投入水平显著提高，成本分担机制普遍建立。幼儿园办园行为普遍规范，保教质量明显提升。不同区域、不同类型城市分类解决学前教育发展问题，大型、特大型城市率先实现发展目标。

到2020年，基本形成以本专科为主体的幼儿园教师培养体系，本专科学前教育专业毕业生规模达到20万人以上；建立幼儿园教师专业成长机制，健全培训课程标准，分层分类培训150万名左右幼儿园园长、教师；建立普通高等学校学前教育专业质量认证和保障体系，幼儿园教师队伍综合素质和科学保教能力得到整体提升，幼儿园教师社会地位、待遇保障进一步提高，职业吸引力明显增强。

到2035年，全面普及学前三年教育，建成覆盖城乡、布局合理的学前教育公共服务体系，形成完善的学前教育管理体制、办园体制和政策保障体系，为幼儿提供更加充裕、更加普惠、更加优质的学前教育。

二、优化布局与办园结构

（四）科学规划布局。各地要充分考虑人口变化和城镇化发展趋势，结合实施乡村振兴战略，制定应对学前教育需求高峰方案。以县为单位制定幼儿园布局规划，切实把普惠性幼儿园建设纳入城乡公共管理和公共服务设施统一规划，列入本地区控制性详细规划和土地招拍挂建设项目成本，选定具体位置，明确服务范围，确定建设规模，确保优先建设。公办园资源不足的城镇地区，新建改扩建一批公办园。大力发展农村学前教育，每个乡镇原则上至少办好一所公办中心园，大村独立建园或设分园，小村联合办园，人口分散地区根据实际情况可举办流动幼儿园、季节班等，配备专职巡回指导教师，完善县乡村三级学前教育公共服务网络。

（五）调整办园结构（略）

三、拓宽途径扩大资源供给（略）

四、健全经费投入长效机制（略）

五、大力加强幼儿园教师队伍建设

（十三）严格依标配备教职工。各地要及时补充公办园教职工，严禁“有编不补”、长期使用代课教师。民办园按照配备标准配足配齐教职工。各类幼儿园按照国家相关规定配备卫生保健人员。

（十四）依法保障幼儿园教师的地位和待遇。各地要认真落实公办园教师工资待遇保障政策，统筹工资收入政策、经费支出渠道，确保教师工资及时足额发放、同工同酬。有条件的地方可试点实施乡村公办园教师生活补助政策。按照政府购买服务范围的规定，可将公办园中的保育员、安保、厨师等服务纳入政府购买服务范围，所需资金从地方财政预算中统筹安排。民办园要参照当地公办园教师工资收入水平，合理确定相应教师的工资收入。各类幼儿园依法依规足额足项为教职工缴纳社会保险和住房公积金。各地要根据学前教育特点和幼儿园教师专业标准，完善幼儿园教师职称评聘标准，畅通职称评聘通道，提高高级职称比例。对做出突出贡献的幼儿园园长、教师，按照国家有关规定予以表彰和奖励。

（十五）完善教师培养体系。办好一批幼儿师范专科学校和若干所幼儿师范学院，支持师范院校设立并办好学前教育专业。中等职业学校相关专业重点培养保育员。根据基本普及学前教育目标，制定学前教育专业培养规划，扩大本专科层次培养规模及学前教育专业公费师范生招生规模。前移培养起点，大力培养初中毕业起点的五年制专科学历的幼儿园教师。引导学前教育专业毕业生从事幼教工作，鼓励师范院校在校生辅修或转入学前教育专业，扩大有质量教师供给。创新培养模式，优化培养课程体系，突出保教融合，健全学前教育法规及规章制度，加强儿童发展、幼儿园保育教育实践类课程建设，提高培养专业化水平。2018年启动师范院校学前教育专业国家认证工作，建立培养质量保障制度。

（十六）健全教师培训制度。出台幼儿园教师培训课程指导标准，实行幼儿园园长、教师定期培训和全员轮训制度。研究制定全国幼儿园教师培训工作方案，用两年半左右时间，通过国家、省、县三级培训网络，大规模培训幼儿园园长、教师，重点加强师德师风全员培训、非学前教育专业教师全员补偿培训和未成年人保护方面的法律培训等。创新培训模式，支持师范院校与优质幼儿园协同建立培训基地，强化专业学习与跟岗实践相结合，增强培训针对性和实效性，切实提高教师专业水平和科学保教能力。

（十七）严格教师队伍管理。认真落实教师资格准入与定期注册制度，严格执行幼儿园园长、教师专业标准，坚持公开招聘制度，全面落实幼儿园教师持证上岗，切实把好幼儿园园长、教师入口关。非学前教育专业毕业生到幼儿园从教须经专业培训并取得相应教师资格。强化师德师风建设，通过加强师德教育、完善考评制度、加大监察监督、建立信用记录、完善诚信承诺和失信惩戒机制等措施，提高教师职业素养，培养热爱幼教、热爱幼儿的职业情怀。对违反职业行为规范、影响恶劣的实行“一票否决”，终身不得从教。

六、完善监管体系（略）

七、规范发展民办园（略）

八、提高幼儿园保教质量

（二十六）全面改善办园条件（略）

（二十七）注重保教结合。幼儿园要遵循幼儿身心发展规律，树立科学保教理念，建立良好师幼关系。合理安排幼儿一日生活，为幼儿提供均衡的营养，保证充足的睡眠和适宜的锻炼，传授基本的文明礼仪，培育幼儿良好的卫生、生活、行为习惯和自我保护能力。坚持以游戏为基本活动，珍视幼儿游戏活动的独特价值，保护幼儿的好奇心和学习兴趣，尊重个体差异，鼓励和支持幼儿通过亲近自然、直接感知、实际操作、亲身体验等方式学习探索，促进幼儿快乐健康成长。开展幼儿园“小学化”专项治理行动，坚决克服和纠正“小学化”倾向，小学起始年级必须按国家课程标准坚持零起点教学。

（二十八）完善学前教育教研体系。健全各级学前教育教研机构，充实教研队伍，落实教研指导责任区制度，加强园本教研、区域教研，及时解决幼儿园教师在教育实践过程中的困惑和问题。充分发挥城镇优质幼儿园和农村乡镇中心园的辐射带动作用，加强对薄弱园的专业引领和实践指导。

（二十九）健全质量评估监测体系。国家制定幼儿园保教质量评估指南，各省（自治区、直辖市）完善幼儿园质量评估标准，健全分级分类评估体系，建立一支立足实践、熟悉业务的专业化质量评估队伍，将各类幼儿园全部纳入质量评估范畴，定期向社会公布评估结果。加强幼儿园保育教育资源监管，在幼儿园推行使用的课程教学类资源须经省级学前教育专家指导委员会审核。

九、加强组织领导（略）

单元检测

1.幼儿一日生活包括哪些环节？在各环节里，教师的主要工作内容有哪些？

2.你认为幼儿教师具备哪些知识、技能才能做好工作？

3.在幼儿园见习的过程中，你是否留意到幼儿园教师是如何处理幼儿行为问题的，你有什么样的收获？

4.叙述有关学前教育的发展思路和有关政策。

模块二　保育技能训练

单元一　生活活动体验

背景介绍

幼儿在幼儿园的一日生活活动包括入园晨间活动、就餐、喝水、如厕、盥洗、午睡、离园等环节。在一日生活活动中，不仅要满足幼儿喝水、吃饭等生理需要，而且还要教育和引导幼儿学习知识、练习技能、养成良好习惯。晨间接待不仅是幼儿一日愉快情绪开启的重要时机，也是师生个别化互动，以及对幼儿实施养成教育的有效途径。合理的晨间接待，能使幼儿身心愉悦，实现家园间的无缝连接。在幼儿一日生活中，各盥洗环节所占时间各不相同。幼儿从小养成认真洗手的习惯，对其一生健康都有着至关重要的影响。愉快的进餐情绪对幼儿的身体健康的有益影响是显而易见的，因此，要为幼儿营造一种轻松、愉快的进餐环境，要引导幼儿正确使用餐具，帮助幼儿了解营养知识，坚持培养幼儿良好的进餐习惯。作为教师，应从幼儿身心和谐发展的角度出发，准确把握如厕教育的适宜性。幼儿每天的喝水量会直接影响他们身体的正常发育和健康成长。为实现幼儿舒适而有质量的午睡，教师须明确午睡过程中不同年龄段幼儿应达到的目标要求和具体内容。离园再见环节是幼儿在幼儿园里的最后一个环节。经过一天丰富多彩的生活，幼儿获得了很多的感受和体验，利用离园前短暂的时间，有计划地组织幼儿进行离园整理，可以帮助幼儿梳理一天的活动和收获，这些对幼儿获得情感认知和情绪体验、提高自我服务技能和生活能力都具有重要的意义。学生通过对幼儿园一日生活活动的观察与了解、分析与总结、思考与讨论、演练与体验、反思与评价等过程，获得保教适岗能力的提升，从而为将来走上工作岗位开展保教工作打好基础。

单元目标

1.掌握晨间接待时幼儿哭闹的处理方法；了解晨间接待环节教师组织幼儿活动的内容；明确晨间接待的流程及注意事项；能够对案例中教师和幼儿的行为进行分析；通过小组合作，能够模拟演练晨间接待环节并进行分析与评价。

2.了解盥洗环节的流程、标准及注意事项；学习并掌握盥洗环节幼儿常见问题的处理方法，懂得如何培养幼儿良好的行为习惯；能够对案例中教师和幼儿的行为进行分析；通过小组合作，能够模拟演练盥洗环节并进行分析评价。

3.掌握幼儿进餐环节的工作流程、标准及注意事项；掌握进餐环节幼儿常见问题的应对策略；能够对案例中教师和幼儿的行为进行分析；通过小组合作，能够模拟演练进餐环节并进行分析与评价。

4.掌握幼儿如厕环节教师的工作内容及注意事项；掌握如厕环节幼儿常见问题的处理方法；能够对案例中教师和幼儿的行为进行分析；通过小组合作，能够模拟演练如厕环节并进行分析与评价。

5.掌握幼儿喝水环节教师的工作内容及注意事项；掌握喝水环节幼儿常见问题的处理方法；能够对案例中教师和幼儿的行为进行分析；通过小组合作，能够模拟演练喝水环节并进行分析与评价。

6.掌握幼儿午睡环节教师的工作内容及注意事项；掌握午睡环节幼儿常见问题的处理方法；能够对案例中教师和幼儿的行为进行分析；通过小组合作，能够模拟演练午睡环节并进行分析评价。

7.掌握离园环节的流程及注意事项；能尝试独立运用所学知识与技能完成离园环节工作；了解离园环节教师组织幼儿活动的内容；掌握离园环节幼儿常见问题的处理方法；能够对案例中教师和幼儿的行为进行分析；通过小组合作，能够模拟演练晨间接待环节并进行分析与评价。

任务一　入园

1.任务描述

（1）观看“乐美说入园”动画视频，思考与讨论问题：晨间接待环节教师的工作内容及注意事项有哪些？如何有效解决幼儿入园的哭闹问题？将思考与讨论的结果填入工作表单（见表2-1-1-1）。

乐美说入园

（2）观看文字和视频案例，根据案例对教师和幼儿的言行进行分析，并将分析结果写到工作表单（见表2-1-1-2）中。

晨间接待

入园案例

（3）模拟演练晨间接待环节，并将演练过程与结果记录在工作表单（见表2-1-1-3）中。

要求：设计幼儿入园焦虑和不适应幼儿园的脚本，每组可选出一个或多个问题行为作为主题，如哭闹、无理取闹等。按照脚本内容进行角色分配，一个小组中可以有2至3名学生扮演教师角色，其他成员可扮演幼儿角色。

注意事项：演练时，幼儿角色扮演者要尽可能以幼儿的心态表现出真实场景，教师角色扮演者要尽可能结合现场实际状况和依据所学知识对幼儿进行引导。

2. 工作表单

工作表单见表2-1-1-1~表2-1-1-3。

表 2-1-1-1

项目	翔实记录
教师工作流程、标准及注意事项	
教师组织幼儿活动内容	
有效解决幼儿哭闹的方法	

表 2-1-1-2

案例项目	分　析
文字案例	
视频案例	

表 2-1-1-3

组　名		组　员	
演练脚本设计			

（续表）

角色分配	
问题行为应对策略	

3.反思评价

（1）结合本次任务，请写下你的反思。

我的反思：____
____
____

（2）对自己完成的工作表单（见表2-1-1-1~表2-1-1-3）进行评价，评价表见表2-1-1-4。

表 2-1-1-4

工作表单	完成度	自评打分
工作表单 2-1-1-1	☆☆☆☆☆	☆☆☆☆☆
工作表单 2-1-1-2	☆☆☆☆☆	☆☆☆☆☆
工作表单 2-1-1-3	☆☆☆☆☆	☆☆☆☆☆

4.学习支持

1）晨间接待要求

晨间接待要求详见表2-1-1-5。

表 2-1-1-5

接待流程	晨间接待标准	注意事项
入园工作	入园工作： 保育员进班后先进行开窗通风，再进行室内外清洁消毒，做到“六净”，即：地面、桌椅、门窗、玩具柜、水杯架（格）、毛巾架（格）干净。准备小毛巾、餐巾纸、便纸、洗手肥皂等用品，有效防止幼儿疾病的发生。	指导中班或大班幼儿整理好衣、帽等物品，按类存放。提醒、指导中班或大班值日生参加力所能及的劳动。
晨间接待	晨间接待： A. 问好，与家长再见：主班教师在幼儿园门前热情地接待幼儿，主动向幼儿和家长问好。蹲下和幼儿沟通感情。如果幼儿哭闹，应从家长那接过幼儿，并把幼儿抱入怀里。 进行晨检（一摸、二看、三问、四查），并引导幼儿投入户外晨间活动中来，如骑小车拍球、滚轮胎等。7：45 配班教师组织幼儿做早操，主班教师继续接待入园幼儿，并送幼儿参与早操。 B. 主班教师与家长进行简单、必要的交流。记录家长为幼儿配带的衣物及药品，药品要清楚记录药物名称、用法、用量，并由家长签字。	晨检：一摸、二看、三问、四查。一摸：幼儿有无发热现象（可测体温）。二看：观察幼儿精神状态、面色等，观察有无传染病的早期症状表现，如咽部异常症状、皮肤或手部皮疹等。三问：个别幼儿饮食、睡眠、大小便情况。四查：有幼儿携带不安全的物品，发现问题迅速处理。做好晨检记录。 在晨检中，教师如发现幼儿身体有异常，应立即请保健医生检查，家长、老师都要在场，如情况严重，直接请家长接回去。如果没有大碍，教师做好记录，多关注，保健医生也要经常巡查。
物品交接	物品交接： 主班教师接收幼儿携带的衣物、书包、玩具等物品。对特殊情况，要进行详细记录，并及时与班上其他教师衔接沟通。	7:50 早操结束，晨检结束，主班教师组织幼儿排队清点人数，带好自己的物品、书包等；配班教师在队尾检查幼儿物品，并协助主班教师组织幼儿回班盥洗、进餐。晚来幼儿由园务人员、保教主任等循环送幼儿回班，并向班级教师交接。 如家长可以进园送幼儿，早操晨检结束后，由家长亲自送幼儿到班级中

2）抚慰托小班幼儿哭闹情绪常用策略——做到“五个一”

抱一抱：对于哭闹的幼儿，教师先把他抱在怀里，给予安抚。

哄一哄：想方设法转移幼儿的注意力，减少其哭闹的频率。

说一说：引导幼儿和教师说说话、聊聊天，在说话和聊天的过程中，逐渐帮助幼儿恢复良好的情绪。

查一查：通过给家长打电话或发短信，多了解幼儿哭闹的真正原因。

定一定：和家长共同商讨解决幼儿哭闹的方法，达成共识；和幼儿有个约定，帮助他们把不良的情绪宣泄出来。

3）中大班幼儿的值日生工作

教师要为幼儿提供适宜且有趣的劳动工具，如手套小抹布、彩色小拖把等，来吸引他们积极参与值日生工作，并用感兴趣的方式加以引导，帮助他们在不知不觉中做好值日生工作。开展“快乐小值日”系列活动，通过引导幼儿讨论、教师示范和讲解，以及幼儿练习等方式，帮助幼儿了解、掌握值日生工作的要求和方法，让幼儿能得心应手地做好值日生工作。

任务二 盥洗

1. 任务描述

（1）观看“乐美说盥洗”动画视频，思考与讨论问题：盥洗环节教师的工作内容及注意事项有哪些？如何有效解决幼儿盥洗环节出现的问题？将思考与讨论的结果填入工作表单（见表2-1-2-1）。

乐美说盥洗

（2）观看文字案例，根据案例内容对教师和幼儿的言行进行分析，并完成工作表单（见表2-1-2-2）。

幼儿洗手文字案例

（3）模拟演练盥洗环节，并将演练过程与结果记录到工作表单（见表2-1-2-3）中。

要求：设计盥洗环节情景脚本，每组可选出一个或多个幼儿行为问题作为主题，如盥洗时推挤、玩水、嬉戏打闹、不会用正确的方法洗手、洗完手后不擦手、弄湿衣袖和地面等。按照脚本内容进行角色分配，一个小组中可以有2~3名学生模拟扮演教师角色，其他成员可模拟扮演幼儿角色。

注意事项：演练时，幼儿角色扮演者要尽可能以幼儿的心态表现出真实场景，教师角色扮演者要尽可能结合现场实际状况和依据所学知识对幼儿进行引导。

2. 工作表单

表 2-1-2-1

项　目	翔实记录
盥洗环节的工作内容及注意事项	
有效解决幼儿盥洗常见问题的方法	

表 2-1-2-2

案例项目	分　析
文字案例	

表 2-1-2-3

组　名		组　员	
演练脚本设计			
角色分配			
问题行为应对策略			

3. 反思评价

（1）结合本次任务，请写下你的反思。

我的反思：____

____

____

（2）对自己完成的工作表单（见表2-1-2-1~表2-1-2-3）进行评价，评价表见表2-1-2-4。

表 2-1-2-4

工作表单	完成度	自评打分
工作表单 2-1-2-1	☆☆☆☆☆	☆☆☆☆☆
工作表单 2-1-2-2	☆☆☆☆☆	☆☆☆☆☆
工作表单 2-1-2-3	☆☆☆☆☆	☆☆☆☆☆

4. 学习支持

1）盥洗环节的要求

盥洗环节的标准和注意事项详见表2-1-2-5。

表 2-1-2-5

盥洗流程	盥洗标准	注意事项
分组盥洗 **卷袖口** **洗手**	分组盥洗： 主班教师在室内组织一部分幼儿进行室内安静游戏。配班教师带领一部分幼儿到洗手间洗手，保育教师站在活动室与洗手间中间的位置，组织来回过往的幼儿。第一组剩余个别未盥洗完的幼儿由保育教师负责指导。配班教师指导第二组幼儿洗手。 卷袖口： 配班老师站在洗手间指导幼儿洗手时，须提醒幼儿洗手前要卷起袖口（中班以下幼儿由教师协助完成，大班幼儿自己卷袖子，值日生检查）。 洗手： 指导幼儿正确使用“八步法”洗手。 A. 挽起小袖子 B. 打开水龙头，把双手浸湿 C. 关上水龙头，打香皂，将香皂放回原处 D. 六步洗手（手心、手背、手指尖、手指缝、大拇指、手腕） E. 打开水龙头，把香皂沫冲洗干净 F. 关上水龙头，双手并拢在洗手池中甩三下 G. 取下自己的毛巾，将双手擦干净 H. 毛巾挂回原处，由老师或值日生将袖子放下来	将正确的洗手步骤图贴在盥洗间。 指导中、大班值日生检查洗手。 做好洗手准备，保证幼儿用流动水洗手，用消毒毛巾擦手、擦脸。 提醒幼儿手脏洗手，爱清洁，讲卫生。 引导幼儿节约用水，不玩水，保持地面清洁、干爽，防止滑倒。 洗手儿歌： 清清的水，哗啦啦，卷起袖子洗手啦，先洗小手心，再洗小手背，五个指头都要洗，最后甩三下。 引导幼儿洗完手后不乱摸

2）培养幼儿养成洗手习惯的方法

教师应该以宽容的心态接纳幼儿，重视过程，更要重视细节。在教幼儿正确地洗手后，教师还要告诉幼儿如何将手上的水处理掉，不能滴在地上，可以对着池子轻轻地甩干。在收到幼儿的反馈后，教师应随机修改和完善儿歌，如可以把之前的洗手歌改为：“清清的水，哗啦啦，卷起袖子洗手啦，先洗小手心，再洗小手背，五个指头都要洗，最后甩三下，小小水滴进池里，人人见了把我夸。”教师必须把培养幼儿良好卫生习惯牢记于心，克服惰性，不怕麻烦，准确把握幼儿洗手时机，提醒和组织幼儿及时洗手，并教会幼儿正确的洗手方法。

在幼儿园中，幼儿在遇到以下七种情况时要及时洗手：饭前便后、吃东西前后、劳动后、玩游戏后、触摸脏东西后、从公共场所回来后，以及触摸传染病人的东西后等。在备课时，把需要洗手的活动环节附在相应的活动后，这样洗手环节和课程流程就一起被记住。幼儿良好的习惯不是一朝一夕就能够养成的，要坚持不懈，不要想起来就教，忙起来就忘。要发动家长，争取家长的支持与配合。教师可利用家园联系栏等，向家长宣传教幼儿正确洗手知识等，让家长积极地参与到培养幼儿良好洗手习惯中来。

任务三　进餐

1. 任务描述

（1）观看“乐美说进餐”动画视频、“开心吃水果”实录视频，思考与讨论问题：在进餐环节中教师的工作内容及注意事项有哪些？如何有效解决幼儿进餐时的常见问题？将思考与讨论的结果填入工作表单（见表2-1-3-1）。

乐美说进餐

开心吃水果

（2）观看和阅读幼儿进餐视频案例与文字案例对教师和幼儿的言行进行分析，并将分析结果填入工作表单（见表2-1-3-2）。

幼儿进餐视频案例

幼儿进餐文字案例

（3）模拟演练进餐环节，并完成工作表单（见表2-1-3-3）。

要求：设计进餐环节情景脚本，每组可选出一名或多名幼儿的行为问题作为主题，如不爱吃饭、挑食、打翻饭菜、不会用正确的方法吃饭等。按照脚本内容进行角色分配，一个小组中可以有2~3名学生模拟扮演教师角色，其他成员可模拟扮演幼儿角色。

注意事项：演练时，幼儿角色扮演者要尽可能以幼儿的心态表现出真实场景，教师角色扮演者要尽可能结合现场实际状况和依据所学知识对幼儿进行引导。

2. 工作表单

工作表单见表2-1-3-1~表2-1-3-3。

表 2-1-3-1

项　目	翔实记录
餐前	
餐中	
餐后	

表 2-1-3-2

案例项目	分　析
文字案例	
视频案例	

表 2-1-3-3

组　名		组　员	
演练脚本设计			

（续表）

角色分配
问题行为应对策略

3. 反思评价

（1）结合本次任务，请写下你的反思。

我的反思：______________________________

____

____

（2）对自己完成的工作表单进行评价，评价表见表2-1-3-4。

表 2-1-3-4

工作表单	完成度	自评打分
工作表单 2-1-3-1	☆☆☆☆☆	☆☆☆☆☆
工作表单 2-1-3-2	☆☆☆☆☆	☆☆☆☆☆
工作表单 2-1-3-3	☆☆☆☆☆	☆☆☆☆☆

4. 学习支持

进餐标准和注意事项详见表2-1-3-5。

表 2-1-3-5

进餐流程	进餐标准	注意事项
餐前准备	餐前准备：保育员对餐桌进行消毒（操作流程：清水—消毒水—清水）三遍，值日生摆放餐具。	教师指导值日生做好餐前准备工作，如摆放餐具等。
餐前活动	餐前活动：主班教师组织幼儿进行餐前活动，如唱儿歌、安静游戏、餐前教育等（保育教师将饭菜取回来后，配班教师组织部分幼儿到洗手间洗手，主班教师继续组织另一部分幼儿在洗手间旁边进行餐前活动。第一组幼儿洗手后，配班教师带领幼儿进班取餐，主班教师带领第二组幼儿洗手。保育教师取餐回到班级后进行分餐。值日生可检查幼儿洗手、卷袖子、擦手等情况）。	组织幼儿按时进餐（两餐间隔时间不少于3个半小时，餐前餐后半小时不做剧烈运动）；提供的食物温度适中；使用食品夹或消毒筷、勺分发餐点；不给幼儿汤泡饭。
讲解食谱与分餐进餐	讲解菜谱：幼儿食谱是根据幼儿发育所需营养而制定的，幼儿每天要摄取足够量的膳食纤维和微量元素来维持身体平衡和保证身体发育。作为幼儿园老师，每天讲解食谱能吸引幼儿对食物的喜爱，同时能激发幼儿的饮食兴趣。主班教师在幼儿全部取完餐并坐稳后，向幼儿介绍食谱，激发幼儿食欲，教育幼儿不挑食、不剩饭及正确的坐姿等。 分餐进餐：主班教师、配班教师、保育教师在室内观察幼儿的进餐速度、进餐量，引导幼儿细嚼慢咽，不嘴包饭（含在嘴里不嚼、不咽），进餐保持安静，及时为幼儿添饭，不催食，对能力差的幼儿进行帮助，指导幼儿坐姿及正确使用餐具的方法。提示，肥胖儿应先喝汤再吃饭。	鼓励幼儿独立进餐，纠正不良进餐行为。对特殊幼儿给予个别照顾，及时处理异常情况。 干稀和汤、菜和饭搭配着吃。烫、热的食物远离幼儿，掌握和控制幼儿的进餐量，引导进餐量大的幼儿适当少吃一点，进餐量小的幼儿适当多吃一点。鼓励幼儿吃饱，不暴饮暴食。
餐后清洁整理	主班教师指导用餐后幼儿轻轻放勺、碗、盘（大班幼儿餐后各自收拾自己的餐具，并放到指定的位置）。配班教师跟随幼儿，指导幼儿用杯子接饮用水漱口、洗嘴、洗手、搬椅子。配班教师和保育教师在室内组织幼儿进餐。	进餐结束后，保育员打扫桌面、地面，清洗餐具并消毒
餐后活动	主班教师组织用餐后的幼儿进行餐后散步、讲故事、说儿歌、背古诗等，避免做剧烈运动。保育教师在室内组织其他未吃完的零散幼儿继续进餐，配班教师组织餐后幼儿漱口等	

任务四　如厕

1. 任务描述

（1）观看“乐美说如厕”动画视频，思考与讨论问题：幼儿如厕环节教师需要做好哪些工作（流程、标准与注意事项）？如何有效解决幼儿如厕出现的问题？将思考与讨论的结果填入工作表单（见表2-1-4-1）中。

乐美说如厕

（2）观看和阅读幼儿如厕视频案例与文字案例，对教师和幼儿的言行进行分析，并将分析结果填入工作表单（见表2-1-4-2）中。

幼儿如厕视频案例

幼儿如厕文字案例

（3）模拟演练如厕环节，完成工作表单（见表2-1-4-3）。

要求：设计如厕环节情景脚本，每组可选出一名或多名幼儿的问题行为作为主题，如尿湿裤子、拉裤子、滑倒、大便后不会擦屁股、便后裤子整理不到位、如厕时玩闹不专注等。按照脚本内容进行角色分配，一个小组中可以有2至3名学生模拟扮演教师角色，其他成员可模拟扮演幼儿角色。

注意事项：演练时，幼儿角色扮演者要尽可能以幼儿的心态表现出真实场景，教师角色扮演者要尽可能结合现场实际状况和依据所学知识对幼儿进行引导。

2. 工作表单

工作表单见表2-1-4-1~表2-1-4-3。

表 2-1-4-1

项目	翔实记录
如厕环节教师的工作内容及注意事项	
有效解决幼儿如厕问题的方法	

表 2-1-4-2

案例项目	分析
文字案例	
视频案例	

表 2-1-4-3

组名		组员	
演练脚本设计			

（续表）

角色分配
问题行为应对策略

3. 反思评价

（1）结合本次任务，请写下你的反思。

我的反思：____
____
____

（2）对自己完成的工作表单进行评价，评价表见表2-1-4-4。

表 2-1-4-4

工作表单	完成度	自评打分
工作表单 2-1-4-1	☆☆☆☆☆	☆☆☆☆☆
工作表单 2-1-4-2	☆☆☆☆☆	☆☆☆☆☆
工作表单 2-1-4-3	☆☆☆☆☆	☆☆☆☆☆

4. 学习支持

如厕环节的标准和注意事项详见表2-1-4-5。

表 2-1-4-5

如厕流程	如厕标准	注意事项
分组如厕 **整理衣裤** **洗手**	分组如厕： 主班教师在室内组织部分幼儿做室内安静游戏活动。配班教师带领一队幼儿排队如厕，保育教师配合组织幼儿进入卫生间（不推、不挤、不跑跳）。 整理衣裤： 保育教师在卫生间内指导幼儿如厕，协助幼儿整理衣裤。配班教师站在卫生间外指导和帮助幼儿整理衣服。 洗手： 主班教师在卫生间外组织如厕完毕的幼儿洗手，指导幼儿正确盥洗，掌握正确洗手的方法。 保育教师负责第一组零散的幼儿，配班教师组织第二组如厕（流程同上），主班教师继续组织室内幼儿进行活动。 保育教师对大便幼儿及时填写大便记录，日常生活中提示幼儿有大便告诉老师。托、小班老师负责帮助幼儿擦屁股，中、大班幼儿自己擦屁股，由老师检查。（大便记录张贴在班级门口宣传栏处，便于家长查看）	允许幼儿按需要随时大小便。不限制幼儿如厕次数，提醒易遗尿的幼儿解便。 指导幼儿便后整理衣裤、洗手。女孩小便后要使用卫生纸。 观察幼儿大便情况，发现异常，及时与家长联系并做好记录。准备好卫生纸，方便幼儿随时取用，督促幼儿便后用流水洗手。 帮助有困难的幼儿擦屁股、整理服装。及时为尿湿裤子的幼儿更换和清洗衣物。 保持卫生间清洁通风，做到干爽无异味。便池、便盆应每天清洗、消毒。保育员、教师指导幼儿盥洗时不要弄湿衣服，保持地面干净、清洁，节约用水

任务五 喝水

1. 任务描述

（1）观看“乐美说喝水”动画视频，思考与讨论问题：幼儿喝水环节教师需要做好哪些工作（流程、标准与注意事项）？如何有效解决幼儿喝水环节出现的问题？将思考与讨论的结果填入工作表单（见表2-1-5-1）中。

乐美说喝水

（2）观看和阅读喝水活动视频案例与文字案例，并根据案例对教师和幼儿的言行进行分析，将分析结果填入工作表单（见表2-1-5-2）中。

喝水活动视频案例

幼儿喝水文字案例

（3）模拟演练喝水环节，完成工作表单（见表2-1-5-3）。

要求：设计喝水环节情景脚本，每组可选出一名或多名幼儿问题行为作为主题，如不喜欢喝白开水、使用口杯喝水有困难、边喝边玩边聊、主动喝水意识淡薄、应付喝水、规则意识欠缺、不能根据自己的身体需要喝水而过少或过量喝水等。按照脚本内容进行角色分配，一个小组中可以有2至3名学生模拟扮演教师角色，其他成员可模拟扮演幼儿角色。

注意事项：演练时，幼儿角色扮演者要尽可能以幼儿的心态表现出真实场景，教师角色扮演者要尽可能结合现场实际状况和依据所学知识对幼儿进行引导。

2. 工作表单

工作表单见表2-1-5-1~表2-1-5-3。

表 2-1-5-1

项目	翔实记录
喝水环节教师的工作内容及注意事项	
有效解决幼儿喝水环节出现的问题的方法	

表 2-1-5-2

案例项目	分析
文字案例	
视频案例	

表 2-1-5-3

组名		组员	
演练脚本设计			
角色分配			
问题行为应对策略			

3. 反思评价

（1）结合本次任务，请写下你的反思。

我的反思：____

____

____

（2）对自己完成的工作表单进行评价，评价表见表2-1-5-4。

表 2-1-5-4

工作表单	完成度	自评打分
工作表单 2-1-5-1	☆☆☆☆☆	☆☆☆☆☆
工作表单 2-1-5-2	☆☆☆☆☆	☆☆☆☆☆
工作表单 2-1-5-3	☆☆☆☆☆	☆☆☆☆☆

4. 学习支持

喝水环节的标准和注意事项详见表2-1-5-5。

表 2-1-5-5

喝水流程	喝水标准	注意事项
准备温水 **排队接水** **喝水**	准备温水： 根据幼儿的一日作息时间，保育员提前 1 小时或半小时准备温水供幼儿饮用，温度要适中。 排队接水： 主班教师在室内组织一部分幼儿进行室内安静游戏活动，等待喝水。配班教师带领部分幼儿在喝水间排队拿水杯、接水。保育教师配合配班教师组织幼儿在喝水间喝水。托小班教师为幼儿接水，中大班幼儿可自己接水；或保育教师在每个桌子上放一块桌布，桌布上放一个装有水的水壶，主班教师站在活动室与喝水间门的中间位置组织幼儿有序地拿水杯、回座位，配班教师在喝水间检查幼儿拿水杯、回座位情况，幼儿自己用水壶倒水喝。 喝水： 保育教师在饮水桶旁指导幼儿接完水后及时关掉开关，要求接水量要适中，水约占水杯的一半或2/3。配班教师组织幼儿喝水时，要求幼儿：双手端水杯，站在固定位置，有序安静地喝水（不说笑、不打闹、不浪费温开水），轻拿轻放水杯，把杯子放回原处。主班教师组织还未轮到的幼儿喝水。 第一组个别幼儿未喝完水由保育老师负责，配班教师负责第二组幼儿喝水（流程同上）	排队接水、喝水的地方常会造成拥挤，以致打翻水杯。教师要组织好幼儿，避免发生烫伤、摔伤、打闹现象。 提醒幼儿用自己的水杯接水，水量不宜过多，不浪费水。 保育员、教师在不同的季节为幼儿准备不同温度的水，水温不宜过烫。 幼儿的水杯要每天清洗并消毒一次，个别吃药的幼儿的水杯要及时清洗干净。 喝水间要保持地面干净无水，避免幼儿滑倒、摔伤

任务六 午睡

1.任务要求

（1）观看“乐美说午睡”动画视频和午睡实录视频，思考与讨论问题：幼儿午睡环节教师需要做好哪些工作？如何有效解决幼儿午睡环节出现的问题？将思考与讨论的结果填入工作表单（见表2-1-6-1）中。

乐美说午睡

（2）观看和阅读幼儿午睡视频案例与文字案例，并根据案例对教师和幼儿的言行进行分析，将分析结果填入工作表单（见表2-1-6-2）中。

乐美说起床

幼儿午睡视频案例

幼儿午睡文字案例

（3）模拟演练午睡环节，并完成工作表单（见表2-1-6-3）。

要求：设计午睡环节情景脚本，每组可选出一名或多名幼儿的问题行为作为主题，如小班幼儿入睡困难、哭闹、任性、不会盖被子、穿脱衣服有困难、不会求助、午睡时喜欢玩玩具、醒来后不能安静而影响同伴、尿床等，中大班幼儿不爱睡觉、不能较快安静下来、入睡慢、睡姿不正确、躺床上玩玩具、穿脱衣服比较随意等。按照脚本内容进行角色分配，一个小组中可以有2至3名学生模拟扮演教师角色，其他成员可模拟扮演幼儿角色。

注意事项：演练时，幼儿角色扮演者要尽可能以幼儿的心态表现出真实场景，教师角色扮演者要尽可能结合现场实际状况和依据所学知识对幼儿进行引导。

2. 工作表单

工作表单见表2-1-6-1~表2-1-6-3。

表 2-1-6-1

项目	翔实记录
午睡环节（睡前、睡中、睡后）的工作内容及注意事项	
有效解决幼儿午睡环节出现的问题的方法	

表 2-1-6-2

案例项目	分析
文字案例	
视频案例	

表 2-1-6-3

组员				
演练脚本设计				
角色分配				
问题行为应对策略				

3. 反思评价

（1）结合本次任务，请写下你的反思。

我的反思：______________________________________

____

____

（2）对自己完成的工作表单进行评价，评价表见表2-1-6-4。

表 2-1-6-4

工作表单	完成度	自评打分
工作表单 2-1-6-1	☆☆☆☆☆	☆☆☆☆☆
工作表单 2-1-6-2	☆☆☆☆☆	☆☆☆☆☆
工作表单 2-1-6-3	☆☆☆☆☆	☆☆☆☆☆

4. 学习支持

1）午睡环节要求

午睡环节的标准和注意事项详见表2-1-6-5。

表 2-1-6-5

午睡流程	午睡标准	注意事项
睡前准备	睡前准备： 午睡前，保育员为幼儿营造午睡的环境，铺好床铺，拉下窗帘。	早晨要对睡眠室开窗通风，午睡前 1 小时到半小时关闭窗户。 巡视观察：帮助幼儿盖好被褥，纠正不正确睡姿，照顾入睡困难、有特殊需要的幼儿。 保持睡眠环境空气流通，根据室内温度及时增减被褥。 保持被褥清洁干燥，冬季每月清洗一次床单、被罩，夏季每月清洗两次，凉席每天擦拭。被褥每月晒一次。 睡眠室地面每天都应消毒、擦地
换鞋	换鞋： 午餐结束后，主班教师组织全体幼儿搬椅子、换拖鞋，配班教师组织幼儿将拖鞋放在固定位置，保育教师整理餐后用具。	
脱外衣	脱外衣： 主班教师、配班教师指导幼儿脱衣服，将衣服叠放整齐，放在固定位置，安静上床，不影响他人。主班教师组织脱完衣服的幼儿上床睡觉。配班教师组织个别幼儿脱衣及上床。 上床前，教师与幼儿进行一一拥抱，互说“午安”（击掌）、“好梦”（拥抱），检查幼儿是否携带物品上床。	
巡视	巡视： 午睡值班教师来回巡视，为幼儿盖被子，纠正幼儿不良睡姿，随时观察幼儿有无异常现象。	
起床	起床： 主班教师组织幼儿自己穿衣、裤、鞋。保育员和配班教师帮助、指导幼儿穿衣服（大班幼儿自己穿衣服）。穿衣服的顺序：先穿上衣，再穿袜子和裤子，最后穿鞋。（详细见起床流程）	
午检	午检： 主班教师检查衣服是否整理好，有无穿错现象，观察幼儿面部体温，看幼儿身体是否有不适，并帮助女孩梳理头发。	
整理床铺和被褥	整理床铺和被褥： 保育员整理床铺和被褥	

2）幼儿常见不良睡姿

不正确睡姿给孩子的成长带来不利影响的实例不胜枚举。在此将幼儿极易出现的不良睡姿加以简述。

蒙头睡：在冬季，很多幼儿喜欢蒙头睡。被子内的湿度高，空气不流通，幼儿容易出现精神萎靡，甚至出现呵欠连连、浑身酸软无力的现象，而一些新陈代谢较旺盛的幼儿还易导致呼吸不畅、大汗淋漓，最后患感冒或出现虚脱。

蜷缩睡：一些幼儿喜欢蜷缩着睡，这是幼儿缺乏安全感的一种表现。因为幼儿在胎儿期就是以这种姿势睡眠的，这是一种本能，使幼儿有安全感，而这种睡姿的危险性也很高，可能会引起窒息、影响牙齿发育等。

夹腿睡：有些幼儿会夹腿睡，尤其是女孩子，常将两腿紧紧夹在一起，以这种特定的姿势入睡，额头上还微微有汗。这种现象的出现，在生理上可能是因为由蛲虫、裤子太紧、尿湿等刺激引起外部发痒，心理上可能是因为家庭气氛紧张或缺乏母爱或遭受歧视或没有玩具可玩等原因，孩子通过自身刺激来寻求宣泄。

午睡时，教师一般会关注幼儿是否睡着、被子是否盖好，而最容易忽视的就是纠正孩子的不良睡姿。通过以上案例我们可以知道，幼儿的睡姿教育非常重要，教师应该予以重视。

3）培养幼儿正确的睡姿

第一步：要求幼儿睡觉时将双手双脚自然垂直放好。对睡姿正确的孩子进行鼓励，并向幼儿讲解不良睡姿会带来的影响。

第二步：营造轻松、温馨的氛围，每天睡前进行3分钟睡姿教育。午睡时间，当幼儿脱完衣服躺下，教师就可以进行正确睡姿的教育了，引导幼儿左侧偏身睡或是平躺睡。接下来，教师可播放一段睡前小故事或是一段舒缓的轻音乐，刚开始播放时声音稍大，而后逐渐减小。给幼儿营造一个柔和的午睡氛围，帮助幼儿保持正确睡姿、平静入睡。

第三步：勤查看，纠正幼儿的不良睡姿，这是教师们最容易忽视的环节。看到孩子们都熟睡了，老师们觉得没事了，就去一旁休息或是备课，而很多孩子刚睡时睡姿是很好的，但睡熟后，不良的睡姿就出现了，这就要求教师勤查看，及时帮助幼儿纠正睡姿，如帮助其轻轻翻身，将其双手、双脚放平等。

任务七　离园

1. 任务描述

（1）观看“乐美说离园”动画视频和离园实录视频，思考与讨论问题：离园环节教师的工作内容及注意事项有哪些？如何有效解决离园环节幼儿的常见问题？在幼儿离园时出现事故，教师如何与家长沟通？离园环节教师适宜组织幼儿开展哪些内容的活动？将思考与讨论的结果填入工作表单（见表2-1-7-1）中。

乐美说离园

（2）观看和阅读幼儿离园视频案例与文字案例，根据案例对教师和幼儿的言行进行分析，并将分析结果填入工作表单（见表2-1-7-2）中。

幼儿离园视频案例

幼儿离园文字案例

（3）模拟演练离园环节，完成工作表单（见表2-1-7-3）。

要求：设计离园环节情景脚本，每组可选出一名或多名幼儿的问题行为作为主题，如托小班幼儿渴望见到家人，心情着急；整理、归位意识不足；没有安全感，不能投入地玩耍。中大班幼儿情绪高涨，挑战规则意识强；喜欢关注他人，告状声不断；热衷于离因活动，不愿离因；离园整理时丢三落四；记不清、记不住小任务；同伴间有约定，故意避开教师的视线等。还可选择设计幼儿离园时出现事故，教师与家长沟通的脚本。按照脚本内容进行角色分配，一个小组中可以有2至3名学生模拟扮演教师角色，其他成员可模拟扮演幼儿角色。

注意事项：演练时，幼儿角色扮演者要尽可能以幼儿的心态表现出真实场景，教师角色扮演者要尽可能结合现场实际状况和依据所学知识对幼儿进行引导。

2. 工作表单

表 2-1-7-1

项目	翔实记录
离园环节教师的工作流程、标准及注意事项	
离园环节教师组织幼儿适宜活动	
有效解决离园环节幼儿常见问题的方法	

表 2-1-7-2

案例项目	分析
文字案例	
视频案例	

表 2-1-7-3

组名		组员	
演练脚本设计			
角色分配			
问题行为应对策略			

3. 反思评价

（1）结合本次任务，请写下你的反思。

我的反思：____

____

____

（2）对自己完成的工作表单进行评价，评价表见表2-1-7-4。

表 2-1-7-4

工作表单	完成度	自评打分
工作表单 2-1-7-1	☆☆☆☆☆	☆☆☆☆☆
工作表单 2-1-7-2	☆☆☆☆☆	☆☆☆☆☆
工作表单 2-1-7-3	☆☆☆☆☆	☆☆☆☆☆

4. 学习支持

离园环节的标准和注意事项详见表2-1-7-5。

表 2-1-7-5

离园流程	离园标准	注意事项
离园准备	离园准备： A. 主班教师：在室内组织幼儿安静活动，如延伸教学内容、讲故事等，稳定幼儿情绪；检查每位幼儿的衣服，为幼儿擦脸、擦脸油、护手霜。 B. 配班教师：晚餐后，组织乘班车幼儿喝水、如厕，并检查幼儿的衣服，为乘班车幼儿擦脸、擦脸油、护手霜，带好随身物品，组织幼儿排队乘车。 C. 保育教师：组织零散幼儿并整理室内卫生。（夏天离园前，为幼儿擦爽身粉）	离园前，教师与幼儿进行简短谈话，同他们一起回顾一天的生活，表扬好人好事；对他们进行安全教育和礼貌教育，提醒幼儿回家的注意事项。
幼儿离园	幼儿离园： A. 配班教师：将幼儿安全送上班车，与班车教师做好交接班记录并签字，与幼儿亲切地说“再见”。配班教师送班车回来后，与主班教师一起组织幼儿进行室内活动。 B. 主班教师：站在班级门口热情接待好每位家长，提醒幼儿主动向家长问好、向老师和其他小朋友说再见；主动地与家长进行简短的交谈，反馈幼儿一天的情况（要有重点）；要严格按照接送卡制度进行，把幼儿交到家长手中。如果是陌生人接幼儿，配班教师要帮助主班教师进行电话录音确定，确认后，主班教师再请幼儿确认陌生人身份，完全吻合后才可让幼儿离园。如有药品交接，由主班教师亲自把药品交接到家长手中。 C. 保育员：在主班教师与家长沟通时，保育员在室内组织其他幼儿开展活动。	离园前检查：检查幼儿的仪容仪表是否整洁，检查幼儿是否有磕碰、抓痕，提醒幼儿带好随身物品。 离园时，家长接孩子，向家长介绍幼儿在园情况，对未及时接走的孩子应组织适当游戏活动等待家长来接。 离园时间，防止幼儿走失或被不认识的人带走，确保幼儿安全离园。
教师离园前的整理工作	教师离园前的整理工作： A. 主班教师组织剩余幼儿。未被接走的幼儿，主班教师将其送到延时班，并签字确认，与幼儿说“再见”。 B. 班主任组织本班人员对今天的工作做简单的小结。 C. 保育教师和配班教师共同全面做好卫生工作，做好当日餐巾、口杯、洗脸巾等的消毒工作，口杯、洗脸巾定位放置。保育员打开紫外线灯消毒不少于30分钟，对室内进行消毒，检查本班的门窗、水电是否关闭，锁门离园	陌生人接幼儿时，主班教师必须联系家长，得到家长同意，确认身份后才能接走

知识链接

《幼儿园教育指导纲要（试行）》有关一日生活保育的具体要求

《幼儿园教育指导纲要（试行）》第一部分总则中提出：幼儿园应为幼儿提供健康、丰富的生活和活动环境，满足他们多方面发展的需要，使他们在快乐的童年生活中获得有益于身心发展的经验。第三部分组织与实施的第九项提出：科学、合理地安排和组织一日生活，具体要求包括，时间安排应有相对的稳定性与灵活性，既有利于形成秩序，又能满足幼儿的合理需要，照顾到个体差异。教师直接指导的活动和间接指导的活动相结合，保证幼儿每天有适当的自主选择和自由活动时间。教师直接指导的集体活动要能保证幼儿的积极参与，避免时间的隐性浪费。尽量减少不必要的集体行动和过渡环节，减少和消除消极等待现象。建立良好的常规，避免不必要的管理行为，逐步引导幼儿学习自我管理。

考证真题

1.材料分析题摘选

材料一：班上的一些小朋友不喜欢洗手，有些小朋友虽然洗手，也只是简单地冲冲水就算了。户外活动后，韩老师把小朋友分成两组：一组念着儿歌认真地洗手，另一组暂时不洗手。韩老师拿出两块柚子皮，一组一块，让小朋友分别摸柚子皮内层。红红突然叫起来："黑了，黑了！"果然，没洗手那组小朋友摸过的柚子皮内层已经黑乎乎了。韩老师趁机提问："柚子皮为什么会变黑呀？"孩子们抢着说："他们没洗手，手很脏，手上有土，把柚子皮弄脏了。"韩老师连忙引导："这是我们能看见的，还有我们看不见的呢！""细菌、病毒。"孩子们大声说。韩老师趁热打铁："如果我们不洗手就拿东西吃，手上的脏东西会粘到食物上，脏东西进入我们的肚子，身体会怎么样？我们应该怎样做呢？"孩子们叽叽喳喳地讨论开来，最后得出了"一定要认真洗手，做健康的小主人"的结论。活动结束后，没洗手的小朋友，立刻跑到洗手池边洗手，洗得格外认真，在洗了手的小朋友中，有人感觉自己没洗干净，就认真地又洗了一遍。自此，小朋友们大都能自觉地去洗手，如果某个小朋友忘记洗手，其他的小朋友也会提醒他。

问题：请结合材料，从儿童观的角度评析韩老师的教育行为。

材料二：性格文静的馨馨午睡时总是睡不着，为解决这个问题，黄老师耐心地告诉她天天午睡的好处，黄老师还联系家长，请家长配合，让馨馨在家里早睡早起，以帮助她养成良好的午睡习惯，可总是收效不大。经过观察，黄老师发现，馨馨不好运动，到午睡时精神饱满，不觉疲倦，于是黄老师调整策略：首先，增加馨馨的活动量，如户外运动后引导她跑几圈，跑完后发给金牌，让她和运动量较大的小朋友一起游戏和玩耍；其次，舒缓馨馨的情绪，午睡时不催她，还在耳边轻轻说："没关系，如果睡不着就闭上眼睛躺一会儿吧。"待她睡着后，在她枕头下藏了一朵小红花，等她醒来给她一个惊喜。慢慢地，馨馨每天都能睡得着了。

问题：请从教师职业道德行为角度，评析黄老师的教育行为。

材料三：亮亮喜欢打人，经常有小朋友因此找王老师告状。今天，小朋友们坐在餐厅等待吃饭时，明明经过亮亮身边，顺手戳了亮亮一下，亮亮还手打了明明一下，这时，王老师经过，看见亮亮打人，一把抓住他，用力狠狠戳他的头，推得他直摇晃，并生气地说："看你还打人!"见此情景，小朋友纷纷数落亮亮曾经打了自己，王老师听后更生气了，她用力拍打亮亮的肩膀，同时生气地大声吼道："你真是讨人嫌！长得人不像人！"

问题：请从儿童观的角度，评价王老师的教育行为。

2.单项选择题摘选

（1）在幼儿园工作实践中，一些老师认为上课是传授知识和发展幼儿智力的唯一途径，组织幼儿进餐、睡眠等只是保育工作，这种思想有违（　　）。

A. 循序渐进原则　　B. 发挥一日生活的整体功能原则

C. 重视年龄特点和个体差异原则　　D. 尊重幼儿原则

（2）午餐时，幼儿辰辰翘着椅子坐，在椅子上摇来摇去，东倒西歪，对此，王老师恰当的说法是（　　）。

A.“辰辰，不准玩椅子！”　　B.“辰辰，你有多动症吗？”

C.“辰辰请做好，椅子会坏的！”　　D.“辰辰请做好，你会摔跤的！”

（3）为了准备“六一”儿童节全园体操表演，刘老师提前一个月组织幼儿反复训练，甚至缩短幼儿午睡及游戏时间，刘老师的做法（　　）。

A. 错误，不利于儿童的身体健康　　B. 错误，不利于儿童的个性发展

C. 正确，有利于提高儿童的素质　　D. 正确，有利于儿童的全面发展

（4）中一班的男孩如厕时常常有意将小便洒在便池外，甚至是小朋友身上，据此，王老师在便池合适的位置上画了几朵花，要求幼儿小便时比看谁能瞄准花朵，给花浇水，此后男孩小便再也不乱洒了。王老师的教育方法体现的幼儿教育特点是（　）。

A. 游戏性　　B. 综合性　　C. 整体性　　D. 浅显性

（5）午餐时，有些幼儿边吃边玩，为让幼儿专心进餐，李老师的正确说法是（　）。

A.“没吃完的不准睡觉。”　　B.“比比看谁吃得最快。”

C.“我看看谁吃的最香。”　　D.“看谁还在那磨蹭。”

（6）吃午饭时，孩子们吵吵嚷嚷，不能好好吃饭，李老师说：“咦，教室里怎么飞来这么多小蜜蜂，嗡嗡的好吵呀，快把他们请出去，别打扰我们吃饭”，孩子们听后开始安静地吃饭。李老师的语言具有（　　）。

A. 教学性　　B. 趣味性　　C. 鼓励性　　D. 示范性

（7）初入园的小朋友害怕幼儿园厕所里的蹲坑，黎老师就在每个蹲坑两边的合适位置，用环保油漆画上了可爱的小脚印，孩子们看了又新奇又欢乐，如厕时都去踩自己的小脚印。这说明教师劳动具有（　　）。

A.长期性　　B.示范性　　C.复杂性　　D.创造性

（8）休息时，王老师让孩子们排队接水喝，可队伍总也排不好，你推我，我挤你。王老师只好扯着嗓门提醒孩子们，可队伍刚排好，过一会儿又乱了。这时，王老师也口渴了，她端起杯子走到队伍前面接了一杯水喝，很无奈地看着眼前乱哄哄的接水队伍。这表明王老师（　　）。

A.未能廉洁从教　　B.未能公平对待幼儿

C.未能以身作则　　D.未能公正对待幼儿

单元检测

1.晨间接待工作流程中，如果遇到幼儿和你打招呼，你没听见，你会如何处理？

2.在幼儿园实习的过程中，你如何处理幼儿哭闹？你会用什么样的活动来消解小班幼儿的分离焦虑？

3.如果你遇到幼儿在盥洗室玩水，你会怎么办？

4.在幼儿园实习的过程中，你会采用什么方式的活动培养幼儿的盥洗常规，如何让幼儿养成常洗手的习惯？

5.如果遇到幼儿不爱吃饭、挑食、打翻饭菜的现象，你会如何处理？

6.针对小班幼儿经常出现尿湿裤子的情况你会如何处理？

7.你会采用什么样的案例活动来让幼儿爱上喝水？

8.遇到新来的幼儿在午睡时哭闹，你会怎么做？

9.如果遇到幼儿被咬哭泣的情况，你该怎么办？离园时，面对被咬伤幼儿的家长，你该如何沟通？

10. 请对下列案例进行分析，并提出改进建议。

（1）寒气逼人的早晨，小班教室里一个小朋友也没有，李老师坐在位子上边吃早餐边等待孩子入园。正在这时，乐乐小朋友来了，乐乐妈妈说："乐乐，快向李老师问好呀！”李老师听到声音，瞟了一眼乐乐，随后眼睛看着碗继续吃，头也没抬地说：“乐乐来了，老师在等你呢。”乐乐妈妈紧锁着眉头，一脸担忧地说：“今天早上，乐乐起床有点流鼻涕，请老师关照一下！”李老师边吃边说：“哦，没什么，我会注意乐乐的。”“谢谢李老师！”乐乐妈妈一步三回头依依不舍地离开了教室赶去上班，而乐乐则自己坐到座位上玩玩具了。

（2）午餐开始了，王老师举起孩子们刚刚画完的作品，生气地说：“今天的画你们画得很不好，有些人根本没有听老师的话，画得乱七八糟！”孩子们不禁抬起头看着她，王老师抽出一张画：“明明，你这画的是什么东西啊？你听老师讲了吗？”“怎么，老师一说你们，你们就不会吃饭了吗？快吃！”……听到老师的训斥与催促，孩子们安静了，赶紧低下头大口地吃起来。

（3）离园时间到了，孩子们一个一个地被家长接走，最后只剩下琪琪没人接。“今天我有事，我先走啰！”李老师拎起背包，快步走出了教室。“唉！又有一个孩子没人接，真烦人！”“我今天还要去买菜呢！”丁老师和王老师你一句我一句地聊着。琪琪一个人坐在小板凳上，无助地望着教室门口。

单元二　教育活动观察

背景介绍

在幼儿园一日流程中，教育活动通常安排2~4次。良好的教育活动应该是：有目的、有计划、有预设方案；教具适宜，材料准备充分；适合幼儿的年龄特点和需要，能激发幼儿的兴趣，幼儿积极参与；教师指导与趣味游戏相结合；环节过渡流畅，没有让幼儿消极等待；评价语运用得当，使幼儿获得积极愉快的体验。

单元目标

1. 了解幼儿园教育活动的流程、要求及注意事项。能够对案例中的教师行为进行分析评价。通过小组合作，模拟演练教育活动的组织过程，尝试处理教育活动中的常见问题，以及体验教师之间的相互合作，并能对模拟演练中的“教师”行为进行分析和评价。

2. 引导学生掌握幼儿户外游戏活动的安全知识，以及如何有效组织幼儿户外游戏活动，为学生下一步的实习打下坚实的基础，具体目标如下：掌握幼儿户外游戏活动的类型；能够陈述户外游戏活动前、活动中、活动后的安全注意事项；能够通过案例，分析教师在组织幼儿户外活动中存在的问题；通过小组合作，能够模拟演练幼儿户外游戏活动。

3. 引导学生在了解当前我国幼儿园班级设置的八种活动区域的类型、特点、功能的基础上，分析班级虚拟活动区域设置存在的问题，并引导学生通过学习分组设计、规划不同的班级活动区域，为其下一步的实习打下坚实的基础，具体目标如下：掌握幼儿园班级活动区域的类型、特点及功能；能够对班级虚拟活动区域设置的情况进行分析与评价；能够根据不同幼儿年龄阶段的特点设计活动区域材料、区域规则；愿意小组合作共同完成任务，不怕困难；对幼儿园班级活动区域设置萌发好奇心理，愿意步入幼儿园对其进行探究。

任务一 观察教学活动

1. 任务描述

（1）观看“乐美说教育”动画视频，结合视频内容讨论：幼儿园教育活动的流程与常规要求有哪些？组织和开展幼儿园教育活动需要注意哪些事项？在组织和开展幼儿园教育活动的过程中，可能会出现哪些问题？你会用什么方法处理这些问题？你认为要组织和开展好幼儿园教育活动，幼儿教师需要具备哪些素质？将思考与讨论的结果填入工作表单（见表2-2-1-1）中。

乐美话教育

（2）观看下面二维码链接的文字或视频案例，并对教师和幼儿的言行进行分析，将分析结果填入工作表单（见表2-2-1-2）中。

“找小鸭”教学视频案例

幼儿园教育活动文字案例

2. 工作表单

表 2-2-1-1

项目	分析、记录
幼儿园教育活动流程	

（续表）

幼儿园教育活动常规要求	
幼儿园教育活动注意事项	
在组织教学活动过程中可能会出现的问题及处理方法	

表 2-2-1-2

案例项目	分析
文字案例	
视频案例	

3. 反思评价

（1）结合本次任务，请写下你的反思。

我的反思：____
____
____

（2）对自己完成的工作表单进行评价，评价表见表2-2-1-3。

表 2-2-1-3 评价表

工作表单	完成度	自评打分
工作表单 2-2-1-1	☆☆☆☆☆	☆☆☆☆☆
工作表单 2-2-1-2	☆☆☆☆☆	☆☆☆☆☆

4. 学习支持

1）教育活动的流程、要求及注意事项

教育活动的流程、要求和注意事项详见表2-2-1-4。

表 2-2-1-4

教育活动的流程	教育活动的要求	注意事项
主班教师活动前准备	主班教师活动前准备： 1. 根据本班幼儿的年龄特点、发展需要和已有经验，选择适宜的活动内容，充分分析、理解教材，制定适宜的活动目标，制订完善的、切实可行的活动计划。 2. 活动前，准备必需的教具及每个幼儿活动所需要的操作材料，并提前与保育员或配班教师共同做好分发材料准备，讲明配合事项。 3. 主班教师提前一周写教案，上课前 3 天进行备课、练课，发现问题及时解决。如果是公开课，还要提前向有经验的教师演课，让大家帮助完善课程。 4. 根据活动类型安排便于幼儿活动与交流的桌椅摆放位置	活动前，配班教师或保育员主动向授课教师了解需要配合的事项，协助主班教师做好活动前准备，如根据人数摆放活动所需材料，安排场地等，并预留出 2~3 份备份材料
组织教学活动	组织教育活动： 1. 教育内容具有科学性和教育性。知识、概念准确无误，对多个学科进行有机结合，互相渗透，注重对幼儿进行能力与习惯的培养。 2. 教育方法：正确、全面地贯彻教育工作原则，体现以幼儿为主体，教师为引导者和观察者，灵活运用多种教育形式和方法。应多以游戏形式激发幼儿的学习兴趣。为幼儿提供充分的动手、动脑、动口的机会。提问设计：围绕教学关键、重点，面向全体，有启发性、适时性，符合幼儿认知规律	

（续表）

	3. 教师的教态亲切自然，语言清晰、准确、规范，具有儿童化和激励性的特点，有吸引力，能激发幼儿的兴趣。教师不可有抱胸、手指指幼儿、拉幼儿衣服、瞪眼睛、双手叉腰、背手等不利于拉近师幼关系的动作行为。另外，教师应真诚地叫出每个幼儿的名字或昵称，但不可叫绰号。 4. 耐心倾听，理解幼儿的想法与感受，察觉幼儿的需要，根据幼儿在活动中的表现与反应，及时应答与鼓励，如善于用眼神、语言、肢体动作鼓励幼儿。 5. 关注幼儿的个体差异，有针对性地启发、引导、帮助他们，满足幼儿的不同需要。活动中应注重培养幼儿良好的学习习惯	配班教师或保育员协助主班教师指导和帮助个别幼儿参与活动，指导过程中走动位置恰当，声音轻柔，不影响幼儿活动。关注活动中的偶发事件，并及时处理，不影响正常教学。 指导幼儿做好活动结束后的整理工作
活动结束	活动结束： 活动后，教师收集幼儿活动作品（可放在作品展示栏里，方便家长观看），记录幼儿活动情况，分析发展状况，及时对教学情况进行自我反思和总结。 例如，反思： 1. 教学目标是什么？经过活动目标实现了多少？ 2. 课后与课前相比，幼儿有收获吗？主要在哪些方面有收获？ 3. 课堂上你关注的是教师的教还是幼儿的学？ 4. 教学氛围是否宽松、和谐、愉快、民主、融洽？ 5. 孩子参与程度有多高？ 6. 是否关注了每个幼儿及幼儿个体差异？如发展最快与最慢的幼儿都进步了吗？ 7. 教学过程中，哪个环节你最满意？你是否改变了原来的教学计划？如果改变了，为什么要这样改？ 8. 幼儿操作了吗？操作中发现了什么问题？ 9. 如果下次再上同样的课，你会在教学中做哪些调整？为什么？其他值得记录或反思的课堂现象有哪些	

2）备课技巧

备幼儿：教育的最终目的是让每名幼儿能在自己原有水平的基础上获得发展。教师须克服本位主义，要把幼儿置于教育活动的核心地位。教师要对全班幼儿有充分的了解，关注个别差异，做到因材施教。教师可从以下几个方面去了解幼儿：

（1）幼儿的年龄特征、个性差异、兴趣爱好、性格气质。

（2）幼儿的最近发展区、认知过程和学习需要。

（3）幼儿的已有经验、认知水平和接受能力。

备教师：

（1）设计语言。教师只有善于选择和运用精确、形象的语言来表达所讲授的内容，才能让幼儿透彻地理解，明确地操作。

（2）设计教态。教师的姿态、表情、手势是语言表达的重要辅助形式。教态生动活泼、大方自然，就能使幼儿的注意力高度集中。

（3）进行试讲。活动前试讲主要是检验活动实施与备课（教案）是否合拍，了解活动时间的掌控情况，以期望在正式活动中获得更佳的效果。可以利用早晨散步时间边走边讲，或者在临睡前默讲一遍。

（4）调节心情。幼儿只有在和谐的师生关系与轻松愉悦的教学氛围中，才会乐学、易学、好学。因此，幼儿教师不管有什么烦恼，在上课之前都要将烦恼抛到脑后，要把最佳的仪表和精神状态呈现给幼儿。

备教材：教师要通过反复研读教材并查阅有关资料，了解教材编写的指导思想和主要特点，掌握教材的知识体系、逻辑结构和编排意图，了解每个单元和每次活动的教育目标、重点和难点，以及各领域之间的联系。

备活动：

（1）制定目标。教师要充分挖掘活动的教育价值，确定本次活动的目标。目标要具体明确、具有可操作性、具有一定的弹性，以适应所有幼儿的需要。完整的目标内容应包括认知、能力、情感三个方面。

（2）确定重点。对于教材中的内容，应分析其重点，教材重点一般是指教材中最基本、最关键的内容，主要包括基本概念和基本方法。而教学重点则需要从幼儿的实际出发，根据幼儿的具体情况而定。可以这样说：教材重点必然是教学重点，而教学重点不仅仅指教材重点。

（3）确定难点。凡是大部分幼儿难以理解、掌握、运用的知识或复杂的技能、生疏的技巧就是难点。针对难点，宜坚持从具体到抽象、从感性到理性的原则，多举实例，多做演示，给幼儿以丰富的感性知识，化抽象为具体。

（4）准备教具。教具能吸引幼儿动手操作，动脑研究。幼儿园的各种活动都需要以各类教具为依托，引导幼儿在看看、听听、玩玩、摸摸的操作与交流中，感受与理解知识，学习与掌握技能。

（5）设计教学法。在解决“教什么”和“学什么”的基础上，要落实“怎么教”和“怎么学”，即根据教学目标、教材内容和幼儿实际，进行教学方法的设计。有效的教育活动，需要教师采用灵活多样的“教法”，使幼儿生动、活泼、主动地学习。

选择教学方法的注意事项：根据幼儿的认知特点，考虑如何由浅入深、由近及远、从具体到抽象、从感性到理性，循序渐进地进行教学。考虑怎样突出重点、分散难点、抓住关键、处理弱点。考虑教具应如何操作和使用，才能达到最佳效果。考虑如何导入新知识、复习巩固；怎样引发兴趣、强化动机、吸引注意力，以及启迪思考、鼓励创新。

备时间：对教育活动所需的时间要做大概的估计，并设计出每个环节所需的时间，避免拖堂。

任务二 观察户外游戏活动

1. 任务描述

（1）观看“乐美说户外”视频，结合视频内容讨论：户外游戏前教师要做好哪些准备工作？户外游戏中教师引导幼儿时应注意哪些安全事项？户外游戏后教师应注意哪些安全注意事项？将思考结果填入工作表单（见表2-2-2-1）中。

乐美说户外

（2）观看“户外活动”视频，思考教师的行为问题，将分析结果填入工作表单（见表2-2-2-2）中。

户外活动

（3）分组模拟“捉螃蟹”游戏，进行评价并将评价结果填入工作表单（见表2-2-2-3）中。

2. 工作表单

表 2-2-2-1

项目	翔实记录
活动前	
活动中	
活动后	

表 2-2-2-2

项目	思考、分析
视频案例	

表 2-2-2-3

评价方式	评价要素	评价分析	分数
自　评	主班教师		
	配班教师		
	幼儿		
他　评	活动前		
	活动中		
	活动后		

户外游戏活动模拟演练评分标准见表2-2-2-4。

表 2-2-2-4

项目	标准	分值
活动前	1. 提醒幼儿整理衣物，组织幼儿排队。 2. 注意三位教师的位置，保育员清点人数、准备户外游戏玩具。 3. 提醒幼儿出行时注意安全，如不推、不挤、不乱跑。 4. 依据游戏活动目标开展活动，活动前组织幼儿做热身运动	3 分
活动中	1. 介绍游戏活动的要领，讲清楚游戏规则，教师根据需要做好游戏示范。 2. 游戏活动过程中教师应维护好秩序，每个环节过渡自然。 3. 三位教师角色明确，不扎堆聊天，时刻观察孩子的精神状态及留意可能存在的安全隐患	4 分
活动后	1. 做放松运动，组织幼儿整理玩具、保持秩序，保育员清点器具。 2. 引导幼儿排队，教师清点人数。 3. 到教室后组织幼儿洗手、擦脸、喝水（提醒幼儿不要大量饮水）	3 分

3. 反思评价

（1）结合本次任务，请写下你的反思。

我的反思：____

____

____

（2）对自己完成的工作表单进行评价，评价表见表2-2-2-5。

表 2-2-2-5

工作表单	完成度	自评打分
工作表单 2-2-2-1	☆☆☆☆☆	☆☆☆☆☆
工作表单 2-2-2-2	☆☆☆☆☆	☆☆☆☆☆
工作表单 2-2-3-3	☆☆☆☆☆	☆☆☆☆☆

4. 学习支持

（1）幼儿户外活动的内涵

幼儿户外活动一般是指幼儿园的室外活动，在户外活动时间里，幼儿可以走、跑、跳、钻、爬、攀登、滑、投、推、拖、滚，甚至喊叫、追跑、躲藏，也可以收集和观察树叶、花草、坚果、石头，或观察小虫、小鸟及饲养的小动物和种植的植物等。这些对幼儿的健康和发展有明显的益处，在户外活动时间里，教师可以组织幼儿开展体育活动、游戏活动、种植活动、自由活动等，教师可以和幼儿交谈，支持、鼓励和丰富他们的活动，而不是旁观、休息或聊天。

（2）户外活动的价值与意义

第一，提高幼儿的身体素质。科学合理的户外活动能够促进幼儿消化系统、呼吸系统、心血管系统，以及骨骼和肌肉的发育和完善，加快代谢功能，提高身体机能和身体免疫功能，增强幼儿体能，促进幼儿健康成长。

第二，促进幼儿智力发展。学前儿童处于脑神经发育的快速时期，适当的户外活动能为幼儿大脑发育提供丰富的“养料”。首先，户外活动能加速血液循环，为大脑组织提供充足的氧气和营养物质，使大脑功能增强，思维敏捷。其次，户外活动会促使大脑释放啡肽等有益的生化物质，对思维和智力发展也大有益处。最后，经常参加户外运动有利于大脑的发展，增加大脑皮层厚度，增多脑神经细胞树突，使儿童的视觉、听觉、本体感觉、神经传导速度和神经过程的灵活性得到提高，促进智力发展。

第三，培养良好的道德品质。学前儿童户外活动具有丰富的道德品质教育内容，如通过户外活动可以对幼儿进行热爱自然、勤奋劳动等思想教育。户外活动中，竞赛活动可以培养幼儿的竞争意识、团队意识及拼搏的精神；体育规则可以规范儿童行为，培养其守纪律、懂规范的良好品德；团体活动可以培养幼儿珍惜友谊、集体荣誉感、互助互谅和尊重他人等优良品德；同时，幼儿在不断克服困难的活动中可以锻炼自身勇敢、坚强等良好意志品质。

第四，维护幼儿心理健康。通过设计和安排形式多样的户外活动内容，为幼儿提供多样的情绪、情感体验，满足幼儿心理发展的情绪、情感需要，促使其愉快、活泼、积极和自信的个性品质得以发展，从而促进幼儿心理健康的发展。此外，户外活动还可以有效治疗幼儿的偏异行为。

第五，促进幼儿社会性发展。户外活动有助于完善幼儿的个性，提高幼儿的交往能力，如体育竞赛活动可以培养幼儿的自信心，获得同伴和集体的认可，促使幼儿获得自我效能感，形成积极的对自我价值的认识。自信心和成就感有很强的迁移能力，幼儿能在各种生活情境中由已获得的自信心和成就感带来积极乐观、努力进取的行为表现。团体活动可以使幼儿在与同伴和老师的交往、配合和同玩同乐中学会与人有效沟通的方式，掌握沟通的技巧，提高交往能力，满足交往需求。

任务三 观察区域活动

1. 任务描述

超市

（1）观察活动区域，思考问题：区域是否有名称和标识？种类有哪些？面积是否适宜？区域中投放的材料有哪些问题？区域是否有规则，规则是否适宜？将思考的结果填入工作表单（见表2-2-3-1）中。

（2）观看“超市”视频，请结合幼儿的年龄特点分析区域材料投放及规则设置情况，材料的投放可以根据材料性质、数量、类型、摆放要求等进行分析。将分析结果填入工作表单（见表2-2-3-2）中。

（3）选择一个活动区域进行班级活动区域设计，并完成工作表单（见表2-2-3-3）。将设计结果进行组间分享和小组互评。

2. 工作表单

表 2-2-3-1

项目	记录、分析
区域名称和标识	
区域面积与类型	
区域材料	
区域规则	

表 2-2-3-2

项目	评价分析
材料	
规则	

表 2-2-3-3

项目	记录	分数
基本信息		
材料投放		
规则设置		

材料投放模拟演练评分标准见表2-2-3-4。

表 2-2-3-4

项目	标 准	分值
基本信息	基本信息全面、正确	1 分
材料投放	1. 能够根据幼儿的年龄特点投放符合本区域的游戏材料； 2. 活动材料类型丰富，数量满足幼儿的需求	3 分
规则设置	1. 规定了进区人数及相关标识； 2. 设计本区域应注意的事项； 3. 设计玩具整理规范； 4. 设计材料使用规则等	6 分

3. 反思评价

（1）结合本次任务，请写下你的反思。

我的反思：____

____

____

（2）对自己完成的工作表单进行评价，评价表见表2-2-3-5。

表 2-2-3-5

工作表单	完成度	自评打分
工作表单 2-2-3-1	☆☆☆☆☆	☆☆☆☆☆
工作表单 2-2-3-2	☆☆☆☆☆	☆☆☆☆☆
工作表单 2-2-3-3	☆☆☆☆☆	☆☆☆☆☆

4. 学习支持

（1）班级区域活动与班级活动区域的内涵

班级区域活动是指教师根据教育目标、幼儿身心发展的特点和兴趣需要，将班级规划成不同的区域，并根据区域特点投入不同的游戏材料，吸引幼儿自主选择，并引导在区域中与游戏材料、同伴互动，以此获得相应的发展。

班级活动区域也称为兴趣角或活动区角，是幼儿园在活动室内设置的，引导幼儿通过自身活动主动地练习、巩固原有知识，并获取新的知识和经验，使幼儿获得自主发展的场所。

班级活动区域是幼儿园班级环境的重要组成部分，是区域活动有效开展的前提条件与基础，而班级区域活动属于幼儿的自主游戏活动，需要依据区域类型及材料特点开展不同的游戏活动。本任务主要是通过对班级区域活动的观察来分析如何合理地设置班级活动区域。

（2）班级活动区域的类型

目前，我国大多数幼儿园将班级活动区域划分为八种类型，具体为：手眼协调区（也称生活区）、语言区、角色区、益智区、科学区及自然角、建构区、美工区、表演区。其中常规设置的区域有语言区、角色区、美工区、建构区、科学区、自然角。

语言区：是将语言学习与游戏有机结合的区域，旨在为幼儿营造一个丰富多元的语言环境，融听、说、读、写于快乐的游戏活动中，为幼儿进一步学习语言打下良好基础，语言区一般分为阅读区、听说区、书写区。

角色区：角色区是以发展幼儿的语言和社会性为主要功能的区域，在这一区域中，幼儿可以进行家庭角色扮演游戏、社会角色扮演游戏等，具体包括娃娃家、医院、超市、邮局、餐厅等。

美工区：美工区是幼儿感受美、体验美，并用美术“语言”表达自己感受和体验的区域。所以美工区的环境布置应能带给人美的感受，同时又能支撑幼儿用多种方式表现美。

建构区：建构区是幼儿通过操作各种材料，运用想象创造性地反映周围生活的游戏区域。幼儿园的建构游戏一般在室内专设建构区内进行。建构区被誉为“塑造工程师的地方”。

科学区：科学区是指在班级活动室或阳台、窗台上为幼儿创设的可以自由进行实验操作、感知观察和科学探索的空间。

自然角：是指在幼儿园的室内、走廊或活动室中，用于饲养动物、栽培植物、陈列试验品的活动区域，让幼儿在触摸、认识、观察、探索的过程中亲近自然、感受绿色，培养幼儿善于观察、善于发现的能力，从而进一步培养幼儿初步的环保意识和爱护动植物的情感。

（3）班级活动区域设置的要点

第一，位置规划。动静分离，为避免各活动区之间的相互干扰，需要安静的区域和比较热闹的区域分开。一般来说，角色游戏、建构游戏、音乐活动、表演活动等都是比较吵闹的，因此，一定要使这些活动区远离语言区等安静区域。为了方便各区域活动的开展，应注意各区域幼儿出入的路线流畅和安全，最好一个活动区分别设置一个出口和一个入口。如果进入某个活动区时经过另一个活动区，容易造成拥挤和碰撞，应尽量避免。需要用水和易脏的活动区（如美工区）应设置在卫生间附近。另外，要避免区域设置在教师观察不到的死角位置。固定区与可变区相结合，区域的设置不应一成不变，应该根据幼儿实际的活动情况适时调整。对于幼儿感兴趣、参与度高、参与时间较长的区域，应固定下来，并及时添加新的游戏材料予以丰富和深化。而长期被幼儿冷落、幼儿参与度低的区域也应适时调整游戏材料或裁撤。常见的固定区为美工区、科学区等具有特定发展功能的活动区。

第二，空间密度。幼儿园班级在设置活动区域时，应结合本班的具体情况，考虑合理的空间密度。一方面，合理控制游戏区域的设置数量。游戏区域太大或太小，都会对游戏产生负面效应。游戏区域的空间面积太小，容易造成幼儿的行动不便，引起他们的争吵，甚至是身体的攻击。如果空间面积过大，也会造成有互动交流减少，不利于合作游戏的开展。一般来说，每个活动区以容纳5~7名幼儿同时活动为宜，每个班级可同时设立4~6个活动区。

第三，材料投放。各活动区的材料不是一次性全部投放的，而要根据材料自身的特性、年龄适宜等分批次、分层次投放。材料特性包括复杂度、质量、高矮、体积大小、色彩、材质等。年龄适宜指是投放的材料能适合小、中、大班幼儿的年龄特点，符合幼儿的发展需要。材料投放后，还要注意观察，根据幼儿的活动情况，对活动区的材料适时予以调整。

第四，规则制定。根据活动的开展顺序区域活动规则可分为活动前的进区规则、活动中的操作规则和活动后的归物规则。规则制定出来后，并不是一成不变的，可以适当调整。因为区域活动规则尤其是活动中的操作规则是与游戏材料伴生的，往往需要根据材料的变化而变化。另外，随着幼儿的成长，当有的规则早已成为幼儿自觉行为时，教师就应该及时组织幼儿探讨、制定新的规则。

第五，标识提示。区域活动是幼儿的自主活动，教师要善于发挥环境这个“隐形教师”“隐形助教”的作用，将教师的指导通过标识物化到环境中去。例如，在活动区的门口贴上几个小脚印，幼儿就知道应该将鞋子放在“小脚丫”上；在架子上贴整理物品的标签，幼儿就明白活动结束之后，要收拾材料，放回原处；在箱子上贴上积木的标签，幼儿就知道要将积木放在这个箱子里；在地上按照一定方向贴上连续的箭头，幼儿就知道了活动的路线。

知识链接

1.《幼儿园教育指导纲要（试行）》有关教育活动的具体要求（摘要）

第一部分　总则

四、幼儿园应为幼儿提供健康、丰富的生活和活动环境，满足他们多方面发展的需要，使他们在快乐的童年生活中获得有益于身心发展的经验。

五、幼儿园教育应尊重幼儿的人格和权利，尊重幼儿身心发展的规律和学习特点，以游戏为基本活动，保教并重，关注个别差异，促进每个幼儿富有个性的发展。

第二部分　教育内容与要求

幼儿园的教育内容是全面的、启蒙性的……各领域的内容相互渗透，从不同的角度促进幼儿情感、态度、能力、知识、技能等方面的发展。

一、健康

（三）指导要点

幼儿园必须把保护幼儿的生命和促进幼儿的健康放在工作的首位。树立正确的健康观念，在重视幼儿身体健康的同时，要高度重视幼儿的心理健康。既要高度重视和满足幼儿受保护、受照顾的需要，又要尊重和满足他们不断增长的独立要求，避免过度保护和包办代替，鼓励并指导幼儿自理、自立的尝试。健康领域的活动要充分尊重幼儿生长发育的规律，严禁以任何名义进行有损幼儿健康的比赛、表演或训练等。培养幼儿对体育活动的兴趣是幼儿园体育的重要目标，要根据幼儿的特点组织生动有趣、形式多样的体育活动，吸引幼儿主动参与。

二、语言

（三）指导要点

语言能力是在运用的过程中发展起来的，发展幼儿语言的关键是创设一个能使他们想说、敢说、喜欢说、有机会说并能得到积极应答的环境。幼儿语言的发展与其情感、经验、思维、社会交往能力等其他方面的发展密切相关，因此，发展幼儿语言的重要途径是通过互相渗透的各领域的教育，在丰富多彩的活动中去扩展幼儿的经验，提供促进语言发展的条件。幼儿的语言学习具有个别化的特点，教师与幼儿的个别交流、幼儿之间的自由交谈等，对幼儿语言发展具有特殊意义。对有语言障碍的儿童要给予特别关注，要与家长和有关方面密切配合，积极地帮助他们提高语言能力。

三、社会

（三）指导要点

社会领域的教育具有潜移默化的特点。幼儿社会态度和社会情感的培养尤应渗透在多种活动和一日生活的各个环节之中，要创设一个能使幼儿感受到接纳、关爱和支持的良好环境，避免单一呆板的言语说教。幼儿与成人、同伴之间的共同生活、交往、探索、游戏等，是其社会学习的重要途径。应为幼儿提供人际间相互交往和共同活动的机会和条件，并加以指导。社会学习是一个漫长的积累过程，需要幼儿园、家庭和社会密切合作、协调一致，共同促进幼儿良好社会性品质的形成。

四、科学

（三）指导要点

幼儿的科学教育是科学启蒙教育，重在激发幼儿的认识兴趣和探究欲望。要尽量创造条件让幼儿实际参加探究活动，使他们感受科学探究的过程和方法，体验发现的乐趣。科学教育应密切联系幼儿的实际生活进行，利用身边的事物与现象作为科学探索的对象。

五、艺术

（三）指导要点

艺术是实施美育的主要途径，应充分发挥艺术的情感教育功能，促进幼儿健全人格的形成。要避免仅仅重视表现技能或艺术活动的结果，而忽视幼儿在活动过程中的情感体验和态度的倾向。幼儿的创作过程和作品是他们表达自己的认识和情感的重要方式，应支持幼儿富有个性和创造性的表达，克服过分强调技能技巧和标准化要求的偏向。幼儿艺术活动的能力是在大胆表现的过程中逐渐发展起来的，教师的作用应主要在于激发幼儿感受美、表现美的情趣，丰富他们的审美经验，使之体验自由表达和创造的快乐。在此基础上，根据幼儿的发展状况和需要，对表现方式和技能技巧给予适时、适当的指导。

2.《幼儿园工作规程》关于户外活动的具体要求

第三十条：在正常情况下，幼儿户外活动时间(包括户外体育活动时间)每天不得少于2小时，寄宿制幼儿园不得少于3小时；高寒、高温地区可酌情增减。

3.《幼儿园工作规程》关于活动区域的具体要求

幼儿园应当将环境作为重要的教育资源，合理利用室内外环境，创设开放的、多样的区域活动空间，提供适合幼儿年龄特点的丰富的玩具、操作材料和幼儿读物，支持幼儿自主选择和主动学习，激发幼儿学习的兴趣与探究的愿望。

考证真题

1.根据《幼儿园教育指导纲要（试行）》，幼儿园体育的重要目标是（　　）。

A. 培养儿童对体育活动的兴趣　　B. 获得比赛奖项

C. 培养运动人才　　D. 训练技能

2.教师在户外体育活动中如何保障幼儿的安全？

单元检测

1.你认为幼儿教师应具备哪些素质才能组织和开展好教育活动?

2.幼儿园教师在组织幼儿进行户外游戏活动时，各环节中需要注意哪些事项?

3.幼儿园班级活动区域类型设置与材料投放应注意的事项有哪些?

4.根据幼儿园班级的面积、人数及相关要求绘制活动区域图。

信息：班级面积为100平方米，小班人数15~20人，中班20~30人，大班30~35人。要求：不需要绘制寝室，可以规划出活动室，需要显示窗户与门，每个区域需要标注区域名称、面积、人数等相关信息。

单元三　膳食与疾病预防

背景介绍

幼儿因年龄小、生长发育速度相对较快、活动量大等原因，个体对营养的需求量较大。而营养对于幼儿生长发育的影响是一个渐进的过程，营养失调对机体产生的不利影响，需要较长时间的变化，最终以营养性疾病表现出来。有些成年期疾病的预防，也需要从儿童时期开始调整饮食营养。为此，在幼儿保育中要注重营养与膳食的供给与管理。幼儿虽然具有人体的基本结构，但由于其各系统、各器官的发育很不完善，机体免疫能力处于发育不成熟阶段，对外界环境的变化比成人敏感，极易受到不良环境的伤害，容易发生各种疾病。幼儿园是幼儿集中生活的地方，一旦发生传染病极易造成流行。因此，积极预防、及早发现、妥善处理，是幼儿园卫生保健工作中的重要任务。

单元目标

1. 了解常见食物的分类及其营养价值；掌握幼儿园食谱制定要求；尝试制定幼儿园一日食谱；能够模拟幼儿教师对幼儿进行随机的营养膳食教育。

2. 熟悉幼儿常见疾病的识别与护理方法；理解传染病的特性及流行特点，知道常见传染病预防的措施；对幼儿疾病的一般症状具有初步的辨别能力，提出相应的护理建议及预防措施。

任务一　营养膳食分析

1. 任务描述

（1）观看“身体加油站”动画视频，思考问题：营养均衡主要体现在哪些方面？能够对常见食物进行分类，并说出其营养价值有哪些？将思考结果填入工作表单（见表2-3-1-1）中。

（2）观看幼儿园一周与一日食谱图表，分析幼儿园食谱的制作要求？根据呈现的另一份幼儿园一周食谱，分析其是否符合幼儿园食谱制作要求，并说出原因。根据以上分析，制作幼儿园一餐食谱。将分析结果和食谱填入工作表单（见表2-3-1-2）中。

（3）观看“乐美说进餐”视频，运用已制定的食谱，模拟演练随机的营养膳食教育。进行自评和小组互评，将评价结果填入工作表单（见表2-3-1-3）中。

身体加油站

食谱图表

乐美说进餐

2. 工作表单

表 2-3-1-1

项目	思考、分析
营养均衡要素	
常见食物营养价值	

表 2-3-1-2

案例项目	思考、分析
食谱制作要求	
食谱存在的问题	
制作一餐食谱	

表 2-3-1-3

评价方式	评价要素	评价分析	分数
自评	教师角色		
	食谱制定		
	营养教育		
他评	教师角色		
	食谱制定		
	营养教育		

营养膳食教育模拟演练评分标准见表2-3-1-4。

表 2-3-1-4

项目	标准	分值
教师角色	1. 教师角色扮演者语言规范、发音标准、用语得当。 2. 教师角色扮演者行为自然、举止优雅	2 分
食谱制定	1. 符合荤素搭配、干稀搭配、粗细搭配的原则。 2. 食物设计符合实际情况，蔬菜、水果选择当季食物。 3. 饭菜营养丰富、全面。 4. 食物制作方法安全、卫生，食物易消化和吸收，色香味俱全	4 分
营养教育	1. 食物营养价值阐述适时、科学、简短、准确。 2. 用语易于幼儿理解、接受	4 分

3. 反思评价

（1）结合本次任务，请写下你的反思。

我的反思：____

____

____

（2）对自己完成的工作表单进行评价，评价表见表2-3-1-5。

表 2-3-1-5

工作表单	完成度	自评打分
工作表单 2-3-1-1	☆☆☆☆☆	☆☆☆☆☆
工作表单 2-3-1-2	☆☆☆☆☆	☆☆☆☆☆
工作表单 2-3-1-3	☆☆☆☆☆	☆☆☆☆☆

4. 学习支持

（1）人体所需营养素

人体必需营养素分为蛋白质、脂肪、碳水化合物、维生素、无机盐和水六大类。

蛋白质的主要生理功能是合成和修补机体组织、调节生理功能、供给热能。含有蛋白质的食物，一类是动物性的，如鱼、肉、蛋、牛奶等；另一类是植物性的，如大米、面粉、豆类等。幼儿每日膳食中蛋白质的推荐摄入量为50g左右。

脂肪的生理功能是参与细胞和组织构成、保护机体、供给热能、促进脂溶性维生素的吸收。含脂肪的食物，一类是动物性的，如肉、动物内脏、蛋黄等；另一类是植物性的，如花生油、豆油等。幼儿每日膳食中脂肪的推荐摄入量占热能的30%~35%。

碳水化合物的生理功能是提供能量、构成细胞和组织、合成糖原、促进消化和排泄等。碳水化合物主要来源是谷类和根茎类作物，其次是来自各种食用糖。幼儿每日每千克体重碳水化合物摄入量约为10g。

维生素按照化学特性可分为水溶性维生素和脂溶性维生素两大类。维生素普遍存在于动植物体内，通过正常的进食即可获取。人体容易缺乏的维生素有维生素A、维生素B1、维生素B2、维生素C、维生素D。

无机盐能够调节生理机能。幼儿生长发育过程中容易缺乏的主要有钙、锌、碘等几种无机盐。

水的生理功能是促进体内物质代谢、调节体温、润滑。各年龄段幼儿每日水的需求量如下：0~1岁，120~160ml/kg；1~3岁，100~150ml/kg；4~7岁，90~110ml/kg。

（2）3~6岁幼儿膳食要求

由于幼儿的学习能力和自主能力逐渐加强，应特别注意对其膳食结构及时给予合理指导，以帮助其逐渐养成良好的饮食习惯。要做到食物多样，谷类为主；多吃新鲜蔬菜和水果；经常吃适量的鱼、禽、蛋、瘦肉；每天饮奶，常吃大豆及其制品；膳食清淡少盐，正确选择零食，少喝含糖量高的饮料；进食量与体力活动要平衡，保证正常体重增长；不挑食、不偏食，培养良好饮食习惯；吃清洁卫生、未变质的食物。

任务二 预防常见疾病

1. 任务描述

（1）结合学生已有经验，思考问题：可以从哪些方面识别生病迹象？根据“文字案例一”，分析常见疾病的护理技术。将思考结果填入工作表单（见表2-3-2-1）中。

文字案例一

（2）观看“文字案例二”，思考问题：幼儿容易患有哪些疾病？其护理及预防要点有哪些？将思考结果填入工作表单（见表2-3-2-2）中。

文字案例二

（3）观看“幼儿常见传染病预防”动画及新闻资讯、案例，思考问题：传染病的流行与传播过程有哪些？如何做好传染病的预防工作？各种幼儿常见传统病的护理及预防措施分别是什么？将思考结果填入工作表单（见表2-3-2-3）中。

幼儿常见传染病预防

2. 工作表单

表 2-3-2-1

项目	思考、分析
疾病的识别	
护理技术	

表 2-3-2-2

案例项目	思考、分析
案例一	
案例二	
案例三	

表 2-3-2-3

案例项目	思考、分析
传染病流行与传播过程	
传染病的预防	
传染病的护理及预防	

3. 反思评价

（1）结合本次任务，请写下你的反思。

我的反思：____

____

____

（2）对自己完成的工作表单进行评价，评价表见表2-3-2-4。

表 2-3-2-4

工作表单	完成度	自评打分
工作表单 2-3-2-1	☆☆☆☆☆	☆☆☆☆☆
工作表单 2-3-2-2	☆☆☆☆☆	☆☆☆☆☆
工作表单 2-3-2-3	☆☆☆☆☆	☆☆☆☆☆

4. 学习支持

（1）体温测量方法

腋温测量方法：测量前先将体温表用酒精消毒，水银甩至35℃以下，然后放置在儿童腋下，夹紧胳膊，5分钟后取出读数。测量时应注意：刚吃饭、饮热水、洗澡、运动、吃冷饮、哭闹后不要马上测量体温，应让幼儿休息20分钟后再测量；体温表在腋下放置的时间不宜过短或过长，一般放置5分钟；如果腋下有汗，应擦拭后再测量。正常腋温是36℃ ~37℃，口温和肛温的正常温度依次递增0.5℃。临床上通常将37.5℃ ~38℃称低烧，38.1℃ ~39℃称中度发烧，39.1℃ ~41℃为高烧，41℃以上为超高烧。

（2）幼儿降温方法

一般情况下幼儿出现低烧不需要进行特别的处理，注意保持室内空气流通，让幼儿多喝水、多吃含水分多的水果，多排尿、多休息即可。当体温升至39℃左右时需要降温处理；如果患儿有高烧抽搐史，体温升至38.5℃就应密切关注。常用的降温方法有冷敷、冰敷、酒精擦拭、药物降温，具体方法如下。

冷敷：用冷水浸湿毛巾，折叠成数层，放在患儿前额，每5~10分钟更换一次；用冷水浸湿毛巾擦拭身体（年龄较小的幼儿最好用温水）。需要注意的是，心前区、腹部、颈部、足底等部位忌冷敷。

冰敷：将冰块捣碎用塑料袋包好，再包上干毛巾，放在患儿的前额降温。使用冰袋降温时应防冻伤，每10分钟检查一次。

酒精擦拭：将75%的酒精加水稀释至30%左右，或用相同度数的白酒，用纱布或小毛巾蘸酒精擦拭腋窝、肘部、腹股沟等有大血管行走的部位，借助酒精的挥发作用降温。

药物降温：服用退烧药，药物使毛细血管扩张，通过大量出汗达到降温目的。每次服用退烧药须间隔4小时以上。如果进行物理降温过程中患儿出现寒战、面色苍白、脉搏或呼吸异常等现象要立刻停止降温。一般体温降至38℃即可停止。

（3）热敷与冷敷

热敷常用于幼儿外伤后的消肿保暖和解除痉挛。其作用机理是通过局部加热，促进血管扩张、血流加速，从而减轻局部组织的充血，加快皮肤下瘀血的吸收，达到消肿作用。另外，热敷还有松弛局部肌肉、肌腱及韧带，解除因肌肉痉挛、强直而引起的疼痛等作用。冷敷通常用在外伤出血刚发生不久，如儿童鼻出血、摔伤后皮肤瘀青等。冷敷的作用是借助冷刺激促进毛细血管收缩，减少出血，减轻局部疼痛。

热敷的方法：首先，用热水将毛巾浸湿，敷在伤处。毛巾温度下降后再重新换热毛巾，反复进行约20分钟；其次，将热水袋用毛巾包裹放在患处。需要提醒的是，热敷适合挫伤、扭伤等原因造成的局部肿胀；热敷一定在受伤24小时后使用；热敷时要注意避免烫伤，热敷的温度以幼儿能承受的温度为宜。

冷敷的方法：首先，用冷水将毛巾浸湿，叠成小方块敷在受伤部位，如鼻出血将冷毛巾敷在前额处。其次，将冰块捣碎装在塑料袋中扎紧，再用干毛巾包裹塑料袋，放置在受伤部位。冷敷一般是在受伤后马上进行。后颈、前胸、腹部、脚心等敏感部位不宜冷敷。

（4）止抽搐

幼儿容易因高烧、癫痫病、维生素D缺乏症、大脑炎等疾病引发抽搐。抽搐的处理方法：将患儿平放，立即压迫人中和合谷两处穴位（人中在鼻唇沟上1/3与下2/3处；合谷在大拇指与食指之间的虎口处）。抽搐严重者要用纱布包一硬物（如牙刷柄或筷子）放在上下牙之间，防止咬破舌头造成大量出血，出现窒息。高烧抽搐者应立即降温。等幼儿抽搐停止后立即送医院处理。

（5）给药

幼儿常用的药物分为口服药和外用药两类。喂药时，对大年龄幼儿最好采用讲道理和鼓励的方式，让幼儿认识到服药的重要性和必要性，同时通过一定的奖励让幼儿自愿服用。

给药的注意事项：做好药品的交接与登记，并请家长签字确认；看清楚药物的服用方法及服药时间和次数；不要强迫给幼儿灌药，以免将药呛入气管；不要将药物混在饮料、牛奶中喂给幼儿，这样会降低药效。教师给患儿服药后要进行及时记录并保留药瓶和药袋3天。

滴眼药。让患儿头稍后仰，眼睛看自己的头顶，拉开下眼皮，将眼药水（或眼药膏）滴入（或挤入）下眼皮内；患儿将眼睛闭上1~2分钟。如果是眼药膏，上完药后让患儿闭眼，用手轻轻揉下眼皮即可。

滴耳药。先用棉签轻轻擦去外耳道内的脓性分泌物，让患儿呈侧卧姿势，病耳朝上；一手牵拉其耳郭，另一手将药液滴入耳孔中央。然后，轻压耳孔前的小突起，保持侧卧姿势5~10分钟。

皮肤涂擦。为患儿皮肤抹药前，要先将患处皮肤用温水洗净，再用棉签、纱布等蘸药水或药膏敷上。因幼儿皮肤比较娇嫩，在涂抹的时候动作要轻，不要对伤口造成二次损伤。

知识链接

1.《幼儿园教育指导纲要（试行）》关于健康领域的论述（摘要）

健康领域目标：身体健康，在集体生活中情绪安定、愉快；生活、卫生习惯良好，有基本的生活自理能力；掌握必要的安全保健常识，会保护自己；喜欢参加体育活动，动作协调、灵活。

健康领域的内容与要求：建立良好的师生、同伴关系，让幼儿在集体生活中感到温暖，心情愉快，形成安全感、信赖感。与家长配合，根据幼儿的需要建立科学的生活常规。培养幼儿良好的饮食、睡眠、盥洗、排泄等生活习惯和生活自理能力。教育幼儿爱清洁、讲卫生，注意保持个人和生活场所的整洁和卫生。密切结合幼儿的生活进行安全、营养和保健教育，提高幼儿的自我保护意识和能力。开展丰富多彩的户外游戏和体育活动，培养幼儿参加体育活动的兴趣和习惯，增强体质，提高对环境的适应能力。用幼儿感兴趣的方式发展基本动作，提高动作的协调性、灵活性。在体育活动中，培养幼儿坚强、勇敢、不怕困难的意志品质和主动、乐观、合作的态度。

健康领域指导要点：幼儿园必须把保护幼儿的生命和促进幼儿的健康放在工作的首位。树立正确的健康观念，在重视幼儿身体健康的同时，要高度重视幼儿的心理健康。既要高度重视和满足幼儿受保护、受照顾的需要，又要尊重和满足他们不断增长的独立要求，避免过度保护和包办代替，鼓励并指导幼儿自理、自立的尝试。健康领域的活动要充分尊重幼儿生长发育的规律，严禁以任何名义进行有损幼儿健康的比赛、表演或训练等。培养幼儿对体育活动的兴趣是幼儿园体育的重要目标，要根据幼儿的特点组织生动有趣、形式多样的体育活动，吸引幼儿主动参与。

2.《幼儿园工作规程》第四章幼儿园的卫生保健论述（摘要）

第十七条　幼儿园必须切实做好幼儿生理和心理卫生保健工作。幼儿园应当严格执行《托儿所幼儿园卫生保健管理办法》及其他有关卫生保健的法规、规章和制度。

第十九条 幼儿园应当建立幼儿健康检查制度和幼儿健康卡或档案。每年体检一次，每半年测量身高、视力一次，每季度测量体重一次；注意幼儿口腔卫生，保护幼儿视力。

第二十条 幼儿园应当建立卫生消毒、晨检、午检制度和病儿隔离制度，配合卫生部门做好计划免疫工作。幼儿园应当建立传染病预防和管理制度，制定突发传染病应急预案，认真做好疾病防控工作。幼儿园应当建立患病幼儿用药的委托交接制度，未经监护人委托或者同意，幼儿园不得给幼儿用药。幼儿园应当妥善管理药品，保证幼儿用药安全。

第二十一条 供给膳食的幼儿园应当为幼儿提供安全、卫生的食品，编制营养平衡的幼儿食谱，定期计算和分析幼儿的进食量和营养素摄取量，保证幼儿合理膳食。

第二十四条 幼儿园夏季要做好防暑降温工作，冬季要做好防寒保暖工作，防止中暑和冻伤。

考证真题

1.婴幼儿应多吃蛋、奶等食物，保证维生素D的摄入，以防止因维生素D缺乏而引起（ ）。

A.呆小症 B.异嗜癖 C.佝偻病 D.坏血病

2.被黄蜂蜇伤后，正确的处理方法是（ ）。

A.涂肥皂水 B.用温水冲洗 C.涂食用醋 D.冷敷

3.幼儿突然出现剧烈呛咳，伴有呼吸困难、面色青紫。这种情况可能是（ ）。

A.急性肠胃炎 B.异物落入气管 C.急性喉炎 D.支气管哮喘

4.风疹病毒传播的途径是（ ）。

A.肢体接触 B.空气泡沫 C. 虫媒传播 D. 实物传播

5.呈向心性分布（即躯干多，面部、四肢较少，手掌、脚掌更少）的疾病是（　　）。

A.皮疹　　B.水痘　　C.手足口　　D.猩红热

单元检测

1.简答幼儿园食谱制定的基本要求。

2.简答手足口病的传播途径及症状。

3.简述幼儿维生素D缺乏的主要原因。

4.案例分析题。

案例一：5岁的萌萌前几天出现咳嗽、咽疼等症状，这两天体温升至38.5℃，手、足、口和臀部出现红色斑丘疹，后转为疱疹，同时伴有口腔疱疹，因疼痛而影响进食。

问题：

（1）萌萌可能患了哪种疾病？该疾病的传播途径有哪些？

（2）幼儿园和家庭预防该疾病的有效措施有哪些？

案例二：下面是某幼儿周末在家一天的进食情况。

早餐：煮鸡蛋1个，250毫升鲜牛奶1袋。

上午零食：可乐饮料1瓶，炸薯片1小包。

午餐：肯德基鸡腿2个，九珍果汁1杯。

下午零食：巧克力3块，鲜味虾片1袋。

晚餐：米饭、冬瓜海带排骨汤、西红柿炒鸡蛋。

睡前：500毫升牛奶1杯。

问题：请结合营养学知识对该幼儿的进食进行点评。

模块三　教育活动指导

单元一　集中教育活动的设计与实施

背景介绍

语言是人类交流思想的工具，是思维的基础。幼儿语言教育的质量可能对其成年后的语言能力发生影响。所以，幼儿园必须重视语言教育，要在幼儿能学而又迫切要学的时期，运用正确有效的方法，培养幼儿口语能力，提高他们的语言水平。

科学领域的教育活动对于幼儿科学素养的早期培养、良好思维习惯的养成具有重要意义。科学领域教育的核心价值是主动探究与思维发展。教师要善于创设有利于幼儿主动探究的问题情境，以及保证幼儿充分的探究时间和探索自由，引导幼儿通过直接感知、亲身体验和实际操作，丰富感性经验，萌发对自然、对科学的热爱之情，发展思维能力，从而为其他领域的深入学习奠定基础。

幼儿社会领域的学习与发展过程是其社会性不断完善并奠定健全人格基础的过程。人际交往和社会适应是幼儿在社会领域要学习的主要内容，也是其社会性发展的基本途径。良好的社会性发展对幼儿身心健康和其他各方面的发展都具有重要影响。

对幼儿实施的健康教育，就是根据幼儿身心发展的特点，以提高幼儿的健康认识、改善幼儿的健康态度、培养幼儿的健康行为、维护和促进幼儿的健康为核心目标而开展的有组织、有计划、有目的的一系列教育活动。幼儿园必须把保护幼儿的生命安全和促进幼儿的健康放在工作的首位。

艺术教育活动具有“润物细无声”的特点，在全面提高幼儿素质方面有着其他领域教育无法替代的作用。随着新时期幼教改革的深入，幼儿艺术教育以其崭新的理念正在催促着幼儿教师观念和行为的转变。

单元目标

1. 掌握幼儿园语言、科学、社会、健康和艺术五大领域教育活动的一般步骤和基本方法。

2. 能够独立完成幼儿园语言、科学、社会、健康和艺术五大领域教育活动教案的编写。

3. 通过小组合作式的模拟演练，能够流畅组织语言、科学、社会、健康和艺术五大领域教育活动，并进行初步评价。

任务一　语言教育活动

1. 任务描述

（1）观看“想吃苹果的鼠小弟”视频，结合视频及教案内容讨论问题：幼儿园语言教育活动的过程一般分哪些步骤？幼儿园语言教育活动的基本方法有哪些？幼儿园语言教育活动的组织要点有哪些？在组织教育活动中，可能会出现哪些问题？你会用什么方法处理？将讨论的结果填入工作表单（见表3-1-1-1）中。

想吃苹果的鼠小弟

（2）请学生根据本课视频及教案完成教师备课工作表单（见表3-1-1-2）。

（3）模拟演练，完成工作表单（见表3-1-1-3）。

要求：设计幼儿园语言教育活动过程中的脚本。每组可任选一个或多个幼儿问题行为作为情景主题进行脚本设计。如，幼儿不理解老师的语言；幼儿总是没有被提问到，不高兴了；幼儿对老师提出的问题所答非所问等。按照脚本内容进行角色分配，一个小组中可以有2至3名学生模拟扮演教师角色，其他成员可模拟扮演幼儿角色。

注意事项：演练时，幼儿角色扮演者要尽可能以幼儿的心态表现出教育活动中的真实场景，教师角色扮演者要尽可能结合现场实际状况和依据所学知识进行教学。

2. 工作表单

表 3-1-1-1

项目	分析、记录
幼儿园语言教育活动过程	

（续表）

幼儿园语言教育活动的基本方法（策略）	
幼儿园语言教育活动的组织要点	
在组织教学活动过程中可能会出现的问题及处理方法	

表 3-1-1-2

班　级		教　师		时　间	
活动名称：					
活动目标：					
活动重点：					
活动难点：					
活动准备：					
活动过程：					
活动反思：					

表 3-1-1-3

组名		组员	
演练脚本设计			
角色分配			
问题行为应对策略			

3. 反思评价

（1）结合本次任务，请写下你的反思。

我的反思：____

____

____

（2）对自己完成的工作表单进行评价，评价表见表3-1-1-4。

表 3-1-1-4

工作表单	完成度	自评打分
工作表单 3-1-1-1	☆☆☆☆☆	☆☆☆☆☆
工作表单 3-1-1-2	☆☆☆☆☆	☆☆☆☆☆
工作表单 3-1-1-3	☆☆☆☆☆	☆☆☆☆☆

语言教育活动演练评分标准见表3-1-1-5。

表 3-1-1-5

项目	要求	分值
演练材料（3分）	1. 脚本设计应主题明确、特点突出、有代表性，选材真实、可操作性强	1分
	2. 脚本设计应内容完整、思路清晰	1分
	3. 角色分配合理、符合真实情景	1分
语言表达（2分）	4. 幼儿角色扮演者表达真实，能体现幼儿的年龄、性格特点	1分
	5. 教师角色扮演者的普通话标准、规范，用语得当	1分
形体语言（2分）	6. 演练时幼儿扮演者动作、表情丰富，能体现幼儿的特点	1分
	7. 演练时教师扮演者仪表、仪态规范，肢体动作优雅，符合教师礼仪标准	1分
团队合作（1分）	8. 团队成员分工明确、配合默契，演练过程顺畅、完整	1分
演练效果（2分）	9. 问题处理得当，应变能力强，具有普遍意义，突显岗位特点	1分
	10. 演练结果有效性强，知识点应用、转化利用率高，有利于提升岗位技能	1分

4. 学习支持

教学参考案例

幼儿园大班绘本阅读——《想吃苹果的鼠小弟》

◎活动目标

①利用故事规律性的情节，结合图片对故事进行猜想，培养幼儿口语表达能力和想象能力。

②激发幼儿的学习兴趣。

③感受鼠小弟遇事肯动脑筋、坚持不懈的精神，以及与海狮合作分享的情感。

◎活动重点

利用故事规律性的情节，结合图片对故事进行猜想，培养幼儿口语表达能力和想象能力。

◎活动准备

PPT课件、动物图片、苹果。

◎活动过程

1）出示封面，揭示书名

①出示遮着书名的绘本封面。

教师："你看到了什么？"

教师总结幼儿的回答："一棵又高又大的苹果树，秋天到了，树上结满了又红又大的苹果。"

教师："看到这些苹果，你心里会怎么想呢？""噢，真想摘一个尝尝呀。"

②教师："今天，还有一位朋友来到了这棵又高又大的苹果树下，我们一起来看看它是谁？"（课件出示"鼠小弟"）

教师："对了，它是一只小老鼠，它的名字叫'鼠小弟'。"

③教师："今天鼠小弟来到又高又大的苹果树下，它在想什么呢？"

④教师："所以今天老师给小朋友们带来的这本书的名字就叫——《想吃苹果的鼠小弟》。"

2）阅读故事《想吃苹果的鼠小弟》

教师："我们一起来看看鼠小弟吃上苹果了吗？"

①阅读PPT课件的第4~7页（小鸟和猴子按书的正常页数出现）。

教师："在鼠小弟正在想办法的时候，发生了什么事情？这个时候鼠小弟怎么想的呢？"（要是我也有翅膀……）

教师："小鸟飞走了，又来了……"（幼儿看图表述）"于是，鼠小弟就想……"（要是我也会爬树……）

②大象和长颈鹿出现。（先出现模仿动作，让幼儿猜想是什么动物）

教师："这个时候鼠小弟又在想什么了呢？"（要是我也有长长的鼻子……）"但是

鼠小弟的鼻子不能变长，又没有吃到苹果，鼠小弟并没有放弃，它又在想什么呢？”（要是我也有长长的脖子……）“原来是来了一只长颈鹿，拿走了一个苹果。”

③袋鼠和犀牛出现。老师告诉幼儿是什么动物，让幼儿猜想他们有什么本领。

教师：“过了一会儿，又来了两个动物，他们是袋鼠妈妈和犀牛，它们会用什么办法吃到苹果呢？”

教师：“对了，鼠小弟在想……”（要是我也能跳得这么高……，要是我也有那么大的力气……）

故事的内容很简单，前面六个动物的出现是简单的重复，教师可以采用不同的方法使故事充满趣味，避免了简单的重复，又具有趣味性。

④教师：“树上还剩下两个苹果，你猜接下来会出现什么动物呢？”（让幼儿发挥想象，续写故事）

⑤继续讲述故事。

教师：“海狮有什么本领呢？”

教师：“海狮一个人能拿到苹果吗？那怎么办呢？”（体会合作的重要性）

教师：“鼠小弟和海狮合作拿到了树上留下的最后两个苹果，你猜鼠小弟会怎么做呢？”（体会分享的快乐）“他们两个拿到苹果会怎么做呢？”（出示最后一页）

⑥教师帮助幼儿完整阅读一遍故事。

3）揭示道理

①一个人的力量是有限的，但只要我们齐心协力，通过合作就能做到平时一个人无法完成的事情。分享是快乐的，一个人的快乐分享给十个人，就会变成十分快乐。

②你能说说在平时生活中，你和朋友之间有哪些快乐合作分享的事情吗？

③如果这时又来了一群小动物，他们都很想吃苹果，可是树上的苹果已经没有了，猜想鼠小弟会怎么做呢？

4）总结评价

采取自评与他评相结合、个人评价与小组互评相结合的方式进行演练评价。

任务二　科学教育活动

1.任务描述

（1）观看“排序”视频，结合视频及教案内容讨论问题：幼儿园科学（这里以“数学”为例）教育活动的过程分哪些步骤？幼儿园科学教育活动的基本方法有哪些？幼儿园科学教育活动的组织形式有哪些？本案例中采用了哪种形式？在组织教学活动的过程中，可能会出现哪些问题？你会用什么样方法处理？将讨论的结果填入工作表单（见表3-1-2-1）中。

排序

（2）请学生根据视频及教案完成教师备课工作表单（见表3-1-2-1）。

（3）模拟演练，完成工作表单（见表3-1-2-3）。

要求：设计幼儿园科学教育活动过程中的脚本。每组可任选一个或多个问题行为作为情景主题进行脚本设计，如东张西望、乱动学具、自己的操作活动结束后影响其他小朋友等。按照脚本内容进行角色分配，一个小组中可以有2至3名学生模拟扮演教师角色，其他成员可模拟扮演幼儿角色。

注意事项：演练时，幼儿角色扮演者要尽可能以幼儿的心态表现出教育活动中的真实场景，教师角色扮演者要尽可能结合现场实际状况和依据所学知识进行教学。

说明：该模拟演练环节，需给演练学生提供相关操作材料。教师操作演示的教具材料：5个大小不同的苹果卡片、5个长短不同的围巾图卡、4个游戏头饰（大小苹果头饰、长短围巾头饰）。幼儿操作材料：5个大小不同的苹果卡片、5个长短不同的围巾图卡。

2. 工作表单

表 3-1-2-1

项目	分析、记录
幼儿园科学教育活动过程所分步骤	
幼儿园科学教育活动的基本方法（策略）	
幼儿园科学教育活动的组织形式	
在组织教育活动过程中可能出现的问题及相应的处理方法	

表 3-1-2-2

活动名称：
活动目标：
活动重点：
活动难点：
活动准备：

（续表）

活动过程：
活动反思：

表 3-1-2-3

组名		组员	
演练脚本设计			
角色分配			
问题行为应对策略			

3. 反思评价

（1）结合本次任务，请写下你的反思。

我的反思：____

____

____

（2）对自己完成的工作表单进行评价，评价表见表3-1-2-4。

表 3-1-2-4

工作表单	完成度	自评打分
工作表单 3-1-2-1	☆☆☆☆☆	☆☆☆☆☆
工作表单 3-1-2-2	☆☆☆☆☆	☆☆☆☆☆
工作表单 3-1-2-3	☆☆☆☆☆	☆☆☆☆☆

4. 学习支持

教育活动参考案例，见表3-1-2-5。

表 3-1-2-5

活动名称	中班幼儿数学教育活动——排序
活动说明	排序是将两个以上组成一组的物体排出序列，幼儿可根据物品的大小、形状、颜色、数量、名称等进行排序，探索和发现多种排序方法。中班幼儿在操作物品时，已逐渐认识了事物的一些属性，如大小、长短、颜色、形状等，能发现其明显的差异性，也能感受到有关规律。本次活动根据中班幼儿的年龄特点，结合生活实际，以游戏情景贯穿整个活动，激发幼儿的兴趣，引导幼儿观察并发现规律，促进幼儿观察、比较、思考及创造能力的发展，使幼儿在游戏中学数学、用数学，并在此过程中感受数学的重要性和有趣性，感受生活中物品排序的规律美
活动目标	1. 能够发现并清楚地讲述物品的排列规律。 2. 学会按物品的特征有规律地排序
活动重点	按物品的特征有规律地排序
活动难点	发现并清楚地讲述物品的排列规律
活动准备	1. 经验准备：幼儿已具有初步的有规律排序的经验，观察过生活中有规律排序的物品。 2. 物品准备：（1）教师操作演示的教具材料：5个大小不同的苹果卡片、5个长短不同的围巾图卡、4个游戏头饰（大小苹果头饰、长短围巾头饰）。 （2）幼儿操作材料：5个大小不同的苹果卡片、5个长短不同的围巾图卡

（续表）

活动过程	一、活动开始 游戏导入，调动幼儿对物品特征认知的前期经验。 （1）说反义词 教师：“今天老师带你们玩一个叫作‘说反义词’的游戏。” 教师：“我说上。”（教师一边拍手一边说） 幼儿：“我说下。”（幼儿一边拍手一边答） 教师拍手并分别说出“上、高、亮、长、大、细、最大、最高”等表明物品特征的词语，让幼儿做出相反的回答。 （2）蹲蹲乐 教师分别出示大苹果头饰、小苹果头饰、长围巾头饰、短围巾头饰，请四个小朋友到前面来分别戴上大苹果、小苹果、长围巾、短围巾头饰，玩蹲蹲乐游戏。规则：如先让头戴大苹果的幼儿一边蹲一边说：“大苹果蹲，大苹果蹲，大苹果蹲完，长围巾蹲。”然后，头戴长围巾头饰的幼儿就要接着说：“长围巾蹲，长围巾蹲，长围巾蹲完，××× 蹲。”（可选其他戴头饰的三个小朋友蹲）。通过游戏速度与角色的不断变化，引发幼儿的前期经验及游戏兴趣。 幼儿 1（大苹果）：大苹果蹲，大苹果蹲，大苹果蹲完，小苹果蹲。 幼儿 2（小苹果）：小苹果蹲，小苹果蹲，小苹果蹲完，长围巾蹲。 幼儿 3（长围巾）：长围巾蹲，长围巾蹲，长围巾蹲完，短围巾蹲。 幼儿 4（短围巾）：短围巾蹲，短围巾蹲，短围巾蹲完，长围巾蹲。 二、活动进行 幼儿分组操作活动。 1. 教师示范讲解 （1）教师出示大小不同的苹果，请幼儿描述并按老师要求排序。 教师：“小朋友，你们看，这些是什么？” 教师：“它们一样吗？哪里不一样？” 教师：“谁能从大到小排对它们进行排队。”（请小朋友到前面排一排） 教师引导：“这些苹果还可以怎么排？” 教师出示长短不同的围巾，请小朋友描述围巾特征并思考可以怎样给它们排队

（续表）

活动过程	2. 幼儿操作材料探索。教师注意提出操作要求，并启发和指导幼儿。 （1）请幼儿到操作区分别给苹果和围巾排排队，说一说是怎么排的。 （2）幼儿操作材料，教师巡回指导。鼓励能力强的幼儿大胆表达排序方法。 3. 请幼儿分别给苹果、围巾排队，并说出不同的排列方式。 教师："请小朋友来排一排，并说一说你是怎么排的，都有哪些排序方法。" 4. 操作与拓展游戏。加深幼儿理解物品间量的差异，积累和巩固排序经验。 教师出示课后练习挂图，讲明题意、操作方法及注意事项，引导幼儿操作课后练习。 教师："现在挂图上还有两个游戏，我们一起来玩一玩。" （1）请幼儿按照顺序给小苹果排排队并贴一贴，然后说一说自己是怎么排的。 （2）看看图中哪根绳子上的围巾是按顺序排列的？用彩笔做上标记。 游戏：排排队。 游戏方法：5 名幼儿手中分别拿着大小不同的苹果卡片，另一名幼儿提出指令（从我开始，按照从大到小排队），5 名幼儿根据手中苹果的大小迅速排队。 三、活动结束 教师可请部分幼儿讲述自己活动的过程和结果，并引导幼儿进行讨论，对他们的进步给予表扬和鼓励，也可由教师提出问题引导幼儿讨论
活动延伸和活动建议	活动延伸：是指本次教育活动与下一个教育活动之间的联系。将本次教育活动延伸到生活当中去。 活动建议：一般是针对数学教学活动过程中需注意的问题提出几点建议

任务三 社会教育活动

1. 任务描述

（1）观看“小路上的画”视频，结合视频及教案内容思考与讨论问题：幼儿园社会教育活动过程一般分哪些步骤？幼儿园社会教育活动的基本方法有哪些？在组织教学活动中，可能会出现哪些问题？你会用什么方法处理？将讨论结果填入工作表单（见表3-1-3-1）中。

小路上的画

（2）请学生根据视频及教案完成教师备课工作表单（见表3-1-3-2）。

（3）模拟演练，完成工作表单（见表3-1-3-3）。

要求：设计幼儿园社会教育活动过程中的脚本。每组可任选一个或多个问题行为作为情景主题进行脚本设计。如，幼儿自己占有玩具或操作材料不与他人共享；幼儿总是不被老师关注到或不被老师提问到，情绪低落；幼儿对老师提出的问题所答非所问；幼儿东张西望，脱离教学活动等。按照脚本内容进行角色分配，一个小组中可以有2至3名学生模拟扮演教师角色，其他成员可模拟扮演幼儿角色。

注意事项：演练时，幼儿角色扮演者要尽可能以幼儿的心态表现出教育活动中的真实场景，教师角色扮演者要尽可能结合现场实际状况和依据所学知识进行教学。

2. 工作表单

表 3-1-3-1

项目	分析、记录
幼儿园社会教育活动过程所分步骤	

（续表）

幼儿园社会教育活动的基本方法（策略）	
在组织教学活动中可能会出现的问题及相应的处理方法	

表 3-1-3-2

班级		教 师		时 间	
活动名称：					
活动目标：					
活动重点：					
活动难点：					
活动准备：					
活动过程：					
活动反思：					

表 3-1-3-3

组名		组员	
演练脚本设计			
角色分配			
问题行为应对策略			

3. 反思评价

（1）结合本次任务，请写下你的反思。

我的反思：____
____
____

（2）对自己完成的工作表单进行评价，评价表见表3-1-3-4。

表 3-1-3-4

工作表单	完成度	自评打分
工作表单 3-1-3-1	☆☆☆☆☆	☆☆☆☆☆
工作表单 3-1-3-2	☆☆☆☆☆	☆☆☆☆☆
工作表单 3-1-3-3	☆☆☆☆☆	☆☆☆☆☆

4. 学习支持

教育活动参考案例

大班社会活动——《小路上的画》

◎设计意图

进入大班后，幼儿交往的圈子越来越广，他们生活在群体中，同伴之间经常会产生矛盾甚至冲突。如，幼儿之间为了一把小椅子互相争抢，自己占有玩具不愿和其他小伙伴一起分享等，一些不愉快、不友好的现象时有发生，而他们处理问题往往意气用事、缺少经验、方法简单。大班幼儿的情绪和情感具有外露、不稳定、容易变化等特点，容易生气和发脾气，如果不及时排解不良情绪，就会影响心理健康。因此，针对大班幼儿的年龄特点，选用较为生动形象的绘本《小路上的画》作为显性线索开展本次活动。通过活动，让幼儿学会调整心态，以乐观的态度和友善的方式化解矛盾、解决问题、与人和谐相处。

◎活动目标

①欣赏绘本，比较故事中不同人物的行为和态度，体验友善情感。

②尝试用“换种想法、换种做法”的思维方式，排解不良情绪。

③体验助人和自助的乐趣。

◎活动准备

①物质准备：PPT课件、录像、表情图。

②经验准备：记录表（记录自己在日常生活中遇到的不开心的事情）。

◎活动过程

1）出示绘本，引起兴趣

教师：“小朋友，你们喜欢看书吗？今天老师给你们带来了一本好看的书，瞧，这是书的封面，看看都画了些什么。”

教师：“画面上发生了什么事情？咱们一起来看一看。”

2）观察表情、动作，分析人物特征

①萨沙。

出示PPT1：“看，萨沙有什么本领？你是从哪里看出来的？”“画画很棒的人，我们怎么称呼他？”“你喜欢萨沙吗？为什么？”

②卡佳。

出示PPT2：“你们觉得卡佳是一个什么样的人？”“你们喜欢卡佳吗？为什么？”

3）比较解决问题的不同方式，感受“换种做法”的益处

①教师：“一天卡佳又……萨沙看见了，他高兴吗？不高兴的萨沙会怎么做呢？”

②教师：“卡佳的画被破坏了，卡佳会有一个什么表情呢？”

③教师：“生气、发怒的卡佳会怎样做呢？这样做，结果会怎样呢？”

④小结：“噢，卡佳和我们想得不一样，她虽然有些生气，但是她没有发怒，而是换了一种方法，把水手们都救起来了，卡佳心里有什么感觉？”

⑤教师："萨沙又来捣乱了，瞧，他又在干什么？卡佳又是怎么做的呢？你们喜欢卡佳的做法吗？"

⑥总结："卡佳做得很棒，她总是有巧妙的主意，将坏事变成好事，这个巧妙的主意就是换一种方法、换一种想法去解决问题，让自己快乐起来。那么，当我们遇到不顺心的事情时，会不会也像卡佳那样换个想法、换个做法让自己快乐起来呢？"

4）联系实际，尝试自我调整心情的方法

①请几名幼儿上台表演跳远比赛，尝试调整失落的情绪。

教师："跳远比赛失败了，怎么让自己快乐起来呢？"（换想法：我们每个人都有自己的长处，换个角度想想，我也有很棒的方面；或者我们继续努力，相信下一次比赛我们能获胜，这样就会快乐一点了）

②观看自然灾害录像，尝试调整伤心情绪。

在幼儿观看自然灾害录像，体验伤心难过的心情之后，引导幼儿换一种环境，如看美丽的风景，听舒缓的音乐，让幼儿体验通过换一种环境也能让人改变心境、开心起来。

③迁移经验，强化"换种想法、换种做法"的思维方式。

请幼儿述说自己记录的烦恼事情。

引发幼儿自由讨论，请个别幼儿说一说自己想出来的好办法。

动作强化，边扔边说："把不开心、不快乐的事情忘掉吧！"并把"烦恼纸团"摔进纸篓。

5）续讲故事，进一步体验适时调整情绪给大家带来的快乐

①教师："我们来看看萨沙，有没有像卡佳和我们小朋友一样，学会'换种做法'，让自己快乐起来呢？"

②贴上"快乐表情卡"，鼓励幼儿永远快乐，一起向快乐出发。

任务四　健康教育活动

1. 任务描述

（1）观看“椅子游戏”视频，结合视频及教案内容思考与讨论问题：幼儿园健康教育活动一般分哪些步骤？幼儿园健康教育活动的基本方法有哪些？在组织教学活动中，可能会出现哪些问题？你会用什么方法处理？将讨论的结果填入工作表单（见表3-1-4-1）中。

椅子游戏

（2）请学生根据视频及教案完成教师备课工作表单（见表3-1-4-2）。

（3）模拟演练，完成工作表单（见表3-1-4-2）。

要求：设计幼儿园健康教育活动过程中的脚本。每组可任选一个或多个问题行为作为情景主题进行脚本设计。如，在体育活动中，幼儿推拉、打闹，活动秩序混乱；幼儿不理解教师讲解的动作要领，感觉难，学不会；幼儿不喜欢参加活动，情绪低落；幼儿发生摔倒、受伤状况等。按照脚本内容进行角色分配，一个小组中可以由2至3名学生模拟扮演教师角色，其他成员可模拟扮演幼儿角色。

注意事项：演练时，幼儿角色扮演者要尽可能以幼儿的心态表现出教育活动中的真实场景，教师角色扮演者要尽可能结合现场实际状况和依据所学知识进行教学。

2. 工作表单

表 3-1-4-1

项目	分析、记录
幼儿园健康教育活动的步骤	

（续表）

幼儿园健康教育活动的基本方法（策略）	
在组织教学活动中可能会出现的问题及相应的处理方法	

表 3-1-4-2

班级		教 师		时 间	
活动名称：					
活动目标：					
活动重点：					
活动难点：					
活动准备：					
活动过程：					
活动反思：					

表 3-1-4-3

组名		组员	
演练脚本设计			
角色分配			
问题行为应对策略			

3. 反思评价

（1）结合本次任务，请写下你的反思。

我的反思：____

____

____

（2）对自己完成的工作表单进行评价，评价表见表3-1-4-4。

表 3-1-4-4

工作表单	完成度	自评打分
工作表单 3-1-4-1	☆☆☆☆☆	☆☆☆☆☆
工作表单 3-1-4-2	☆☆☆☆☆	☆☆☆☆☆
工作表单 3-1-4-3	☆☆☆☆☆	☆☆☆☆☆

4. 学习支持

教育活动参考案例

大班健康教育活动——“椅子游戏”

◎设计意图

椅子是幼儿最熟悉的“玩具”，根据幼儿的特点，利用椅子的方便、简单等特性，让他们自由设计各种适合其发展的体能游戏，满足幼儿好玩的心理，锻炼幼儿的四肢协调能力，激发幼儿勇敢尝试活动的兴趣，体验体育游戏的快乐。

◎活动目的

①加强和锻炼幼儿的平衡能力。

②让幼儿懂得遵守游戏规则，感受参加集体活动的乐趣。

◎活动准备

小椅子若干（同幼儿人数），录音机和录音带，一块较宽敞、柔软的场地。

◎活动过程

1）热身活动

①教师带领幼儿每人拿一把小椅子进入场地，四散站立。

教师：“请小朋友们每人拿一把椅子跟随老师一起到操场上去。”

②在音乐伴奏下，师幼一起做热身操。

教师：“孩子们，今天天气真好，我们放下椅子，一起来运动吧！”（播放音乐，师幼一起伸伸腿、弯弯腰、抖抖脚、蹦蹦跳……）

2）游戏活动

教师：“我们每人都有一把椅子，椅子是用来干什么的呢？”

幼儿：“坐的。”

教师：“除了坐，我们还可以用它来干什么呢？”

幼儿：“还可以站。”

教师：“小朋友们说得都不错，今天我们就用椅子来玩游戏。”

（1）骑马

教师："今天我们先一起骑马去郊游吧，这椅子就是马，我们上马吧。"引导幼儿将椅背朝前，坐在椅子上，手持椅背模仿骑马动作，在场地内来回行驶2~3次，教师在旁边指导幼儿。

教师："现在请小朋友们模仿做马术的各种动作，如站在椅子上跳下、站在椅子上分脚越过椅背跳下、单脚站在椅子上……"鼓励幼儿合作游戏。

（2）爬山

教师："现在我发现了一个新的玩法，请小朋友们把两个椅子背靠背地放在一起，依次排成一排……"引导幼儿两人一组，将椅子纵向并排放置，进行"爬山"练习，即踏上椅面——跨过椅背——踏上另一椅面——跳下，然后将所有的椅子排列起来，引导幼儿一一跨过所有的"小山"。教师请幼儿翻过"小山"后，跳着经过"沼泽"地，回到起点排队。在游戏过程中，提醒幼儿遵守游戏规则。

（3）走独木桥

教师："我们小朋友真能干，成功地翻过了这么多'小山'，现在我们要过'独木桥'了。"引导幼儿自由组合，将椅子横向并排当作独木桥，进行"走独木桥"练习。练习一段时间后，引导幼儿将所有椅子并排放置在一起，练习走"长独木桥"1~2次。

3）结束活动

教师带领幼儿进行放松活动。

教师："我们来到了草地，让我们一起休息一下吧。"听音乐做放松运动。

教师："接下来我们把马牵回马厩吧。"幼儿拿上小椅子返回活动室。

◎活动反思

情景再现：将椅子当马骑时，班上有好几个孩子不小心往后摔倒坐到地上，有的只能骑几步就不走了。在"爬小山"的游戏中，不时听到有孩子说："老师，这个好难呀"，但他们仍然高高兴兴地继续玩，整个活动井然有序，以前推拉、打闹的现象也少了。

①“骑马”很考验幼儿的手脚协调性，虽然有些幼儿玩过“骑马”，但对那些能力弱的小女孩要降低难度，以鼓励其参加体育活动的积极性。

②在活动中，大部分时间让给幼儿活动，如给每个幼儿一把椅子，以减少等待时间和不必要的整队，使活动具有一定的运动密度和强度。在让幼儿尝试走、骑等运动的活跃氛围中，加强和锻炼了幼儿的平衡能力，让其体验了活动的趣味性，解决了活动的重、难点，达成了活动目标。

③在活动中，注重游戏难度的循序渐进。如：先让幼儿做最简单、最常见的“骑马”，再走单一的“椅子平衡桥”，最后再跨走“平衡桥”。

游戏是幼儿最喜欢的活动，游戏能增强幼儿参与活动的兴趣。

任务五 艺术教育活动

1. 任务描述

（1）观看“冬天”视频，结合视频及教案内容思考与讨论问题：幼儿园艺术（美术）教育活动过程一般分哪些步骤？幼儿园艺术（美术）教育活动的基本方法有哪些？在组织教学活动中，可能会出现哪些问题？你会用什么方法处理？将讨论结果填入工作表单（见表3-1-5-1）中。

冬天

（2）请学生根据视频及教案完成教师备课工作表单（见表3-1-5-2）。

（3）模拟演练，完成工作表单（见表3-1-5-3）。

要求：设计幼儿园艺术教育活动过程中的脚本。每组可任选一个或多个问题行为作为情景主题进行脚本设计。如幼儿可能会出现不会画、画得太慢、画得千篇一律等问题。按照脚本内容进行角色分配，一个小组中可以由2至3名学生模拟扮演教师角色，其他成员可模拟扮演幼儿角色。

注意事项：演练时，幼儿角色扮演者要尽可能以幼儿的心态表现出教育活动中的真实场景，教师角色扮演者要尽可能结合现场实际状况和依据所学知识进行教学。

2. 工作表单

表 3-1-5-1

项目	分析、记录
幼儿园艺术（美术）教育活动的步骤	

（续表）

幼儿园艺术（美术）教育活动的基本方法（策略）	
在组织教学活动中可能会出现的问题及相应的处理方法	

表 3-1-5-2

班级		教 师		时 间	
活动名称：					
活动目标：					
活动重点：					
活动难点：					
活动准备：					
活动过程：					
活动反思：					

表 3-1-5-3

组名		组员	
演练脚本设计			
角色分配			
问题行为应对策略			

3. 反思评价

（1）结合本次任务，请写下你的反思。

我的反思：____________________

____

____

（2）对自己完成的工作表单进行评价，评价表见表3-1-5-4。

表 3-1-5-4

工作表单	完成度	自评打分
工作表单 3-1-5-1	☆☆☆☆☆	☆☆☆☆☆
工作表单 3-1-5-2	☆☆☆☆☆	☆☆☆☆☆
工作表单 3-1-5-3	☆☆☆☆☆	☆☆☆☆☆

4. 学习支持

教育活动参考案例

大班美术教育活动——“冬天”

教材分析：

《幼儿园教育指导纲要（试行）》要求，要引导幼儿接触周围环境和生活中美好的人、事、物，丰富他们的感性经验和审美情感，激发他们表现美、创造美的情趣。大班幼儿已积累了较多的美术知识和经验，在此基础上，选择各种不同题材、不同风格的欣赏作品来拓宽幼儿的创造思路，提高幼儿的鉴赏能力。“冬天”是大班第一学期结合季节特征开展的绘画活动，本次活动以幼儿畅想为主，要求幼儿应用已有的知识和技能，表现自己对冬天的感受，教师通过引导、激发，发展幼儿的想象力和创造力，加深幼儿对冬天的认识和了解。

1）活动设计思路

①在开展活动之前，教师有意识地在日常活动中，引导幼儿观察幼儿园的园舍、布局、日常活动等，加深幼儿对幼儿园的印象。

②准备丰富的材料，鼓励幼儿大胆创作，激发创作的热情。

③运用正面的评价，鼓励幼儿进行充分的自我表现，增强自信心。

2）教学活动设计

◎活动目标

①能用绘画的形式表现自己对冬天的认识。

②能按自己意愿独自设计画面，大胆作画。

③增强对冬季周围事物的关注。

◎活动重点

用绘画的形式表现自己对冬天的认识。

◎活动难点

能画出冬天里景物、人物的特征，色彩运用恰当。

◎活动准备

水彩笔、画纸、范画。

◎活动过程

①由谈话导入活动，引出主题。(指向活动目标①)

“小朋友现在是什么季节啊？”“你看到的冬天是什么样子的呢？”幼儿讨论，教师简单小结。

②提出绘画主题，引导幼儿思考。(指向活动目标②、③)

“今天我们要来画一幅‘冬天’的画面，你会画一些什么呢？”幼儿个别发言，互相讨论。

③提出作画要求，幼儿自主作画，教师观察引导。(指向活动目标①、②、③)

“请小朋友画出景物、人物在冬天里的样子，要让别人一看就知道是冬天，自己要有自己的想法，尽量不要和别人一样。”

④幼儿作画，教师帮助能力较弱的幼儿丰富画面内容，涂上适当的色彩，进一步表现冬天的特征。

⑤活动结束。(指向活动目标③)

请幼儿介绍自己的作品，或找出自己喜欢的作品并说明原因。

知识链接

1.《3~6岁儿童学习与发展指南》关于语言教育活动的具体要求（摘要）

(一) 倾听与表达

目标1　认真听并能听懂常用语言

教育建议：

1.多给幼儿提供倾听和交谈的机会。

2.引导幼儿学会认真倾听。

3.对幼儿讲话时，注意结合情境使用丰富的语言，以便于幼儿理解。

目标2　愿意讲话并能清楚地表达

教育建议：

1.为幼儿创造说话的机会并体验语言交往的乐趣。

2.引导幼儿清楚地表达。

目标3　具有文明的语言习惯

教育建议：

1.成人注意语言文明，为幼儿做出表率。

2.帮助幼儿养成良好的语言习惯。

（二）阅读与书写准备

目标1　喜欢听故事，看图书

教育建议：

1.为幼儿提供良好的阅读环境和条件。

2.激发幼儿的阅读兴趣，培养阅读习惯。

3.引导幼儿体会标识、文字符号的用途。

目标2　具有初步的阅读和理解能力

教育建议：

1.经常和幼儿一起阅读，引导他以自己的经验为基础理解图书的内容。

2.在阅读中发展幼儿的想象和创造能力。

3.引导幼儿感受文学作品的美。

目标3　具有书面表达的愿望和初步技能

教育建议：

1.让幼儿在写写画画的过程中体验文字符号的功能，培养书写兴趣。

2.在绘画和游戏中做必要的书写准备。

2.《3~6岁儿童学习与发展指南》关于科学教育活动的具体要求（摘要）

（一）科学探究

目标1 亲近自然，喜欢探究

教育建议：

1.经常带领幼儿接触大自然，激发其好奇心与探究欲望。

2.真诚地接纳、多方面支持和鼓励幼儿的探索行为。

目标2 具有初步的探究能力

教育建议：

1.有意识地引导幼儿观察周围事物，学习观察的基本方法，培养观察与分类能力。

2.支持和鼓励幼儿在探究的过程中积极动手动脑寻找答案或解决问题。

3.鼓励和引导幼儿学习做简单的计划和记录，并与他人交流分享。

4.帮助幼儿回顾自己探究过程，讨论自己做了什么，怎么做的，结果与计划目标是否一致，分析原因，以及下一步要怎样做等。

目标3 在探究中认识周围事物和现象

教育建议：

1.支持幼儿在接触自然、生活事物中积累有益的直接经验和感性认识。

2.引导幼儿在探究中思考，尝试进行简单的推理和分析，发现事物之间明显的关联。

3.引导幼儿关注和了解自然、科技产品与人们生活的密切关系，逐渐懂得热爱、尊重、保护自然。

（二）数学认知

目标1 初步感知生活中数学的用途和有趣

教育建议：

1.引导幼儿注意事物的形状特征，尝试用表示形状的词来描述事物，体会描述的生动形象性和趣味性。

2.引导幼儿感知和体会生活中很多地方都用到数字，关注周围与自己生活密切相关的数字的信息，体会数字可以代表不同的意义。

3.引导幼儿观察和发现按照一定规律排列的事物，体会其中的排列特点与规律，并尝试自己创造出新的排列规律。

4.鼓励和支持幼儿发现、尝试解决日常生活中需要用到数学的问题，体会数学的用处。

目标2　感知和理解数、量及数量关系

教育建议：

1.引导幼儿感知和理解事物“量”的特征。

2.结合日常生活，指导幼儿学习通过对应或数数的方式比较物体的多少。

3.利用生活和游戏中的实际情境，引导幼儿理解数的概念。

4.通过实物操作引导幼儿理解数与数之间的关系，并用“加”或“减”的办法来解决问题。

目标3　感知形状与空间关系

教育建议：

1.用多种方法帮助幼儿在物体与几何形体之间建立联系。

2.丰富幼儿空间方位识别的经验，引导幼儿运用空间方位经验解决问题。

3.《3~6岁儿童学习与发展指南》关于社会教育活动的具体要求（摘要）

（一）人际交往

目标1　愿意与人交往

教育建议：

1.主动亲近和关心幼儿，经常和他一起游戏或活动，建立亲密的师生关系。

2.创造交往的机会，让幼儿体会交往的乐趣。

目标2　能与同伴友好相处

教育建议：

1.结合具体情境，指导幼儿学习交往的基本规则和技能。

2.结合具体情境，引导幼儿换位思考，学习理解别人。

3.和幼儿一起谈谈他的好朋友，说说喜欢朋友的原因，引导他发现同伴的优点。

目标3　具有自尊、自信、自主的表现

教育建议：

1.关注幼儿的感受，保护其自尊心和自信心。

2.鼓励幼儿自主决定，独立做事，增强其自尊心和自信心。

目标4　关心和尊重他人

教育建议：

1.成人以身作则，以尊重、关心的态度对待自己的父母、长辈和他人。

2.引导幼儿尊重、关心长辈和身边的人，尊重他人的劳动及劳动成果。

3.引导幼儿学习用平等、接纳和尊重的态度对待差异。

（二）社会适应

目标1　喜欢并适应群体生活

教育建议：

1.经常和幼儿一起参加一些群体性的活动，让幼儿体会群体活动的乐趣。

2.幼儿园组织活动时，可以经常打破班级的界限，让幼儿有更多机会参加不同群体的活动。

目标2　遵守基本的行为规范

教育建议：

1.成人要遵守社会行为规则，为幼儿树立良好的榜样。

2.结合社会生活实际，帮助幼儿了解基本行为规则或其他游戏规则，体会规则的重要性，学习自觉遵守规则。

3.教育幼儿要诚实守信。

目标3　具有初步的归属感

教育建议：

1.亲切地对待幼儿，关心幼儿，让幼儿感受到长辈是可亲、可近、可信赖的，家庭和幼儿园是温暖的。

2.吸引和鼓励幼儿参加集体活动，萌发集体意识。

3.运用幼儿喜闻乐见和能够理解的方式激发幼儿爱家乡、爱祖国的情感。

4.《3~6岁儿童学习与发展指南》关于健康教育活动的具体要求（摘要）

（一）身心状况

目标1　具有健康的体态

教育建议：

1.为幼儿提供营养丰富、健康的饮食。

2.保证幼儿每天睡11~12小时，其中午睡一般应达到2小时左右。午睡时间可根据幼儿的年龄、季节的变化和个体差异适当减少。

3.注意幼儿的体态，帮助他们形成正确的姿势。

4.每年为幼儿进行健康检查。

目标2　情绪安定、愉快

教育建议：

1.营造温暖、轻松的心理环境，让幼儿形成安全感和信赖感。

2.帮助幼儿学会恰当表达和调控情绪。

目标3　具有一定的适应能力

教育建议：

1.保证幼儿的户外活动时间，提高幼儿适应季节变化的能力。

2.经常与幼儿玩拉手转圈、荡秋千、转椅等游戏活动，让幼儿适应轻微的摆动、颠簸、旋转，促进其平衡机能的发展。

3.锻炼幼儿适应生活环境变化的能力。

（二）动作发展

目标1　具有一定的平衡能力，动作协调、敏捷

教育建议：

1.通过多种活动发展身体平衡和协调能力。

2.发展幼儿动作的协调性和灵活性。

3.对于拍球、跳绳等技能性活动，不要过于要求数量，更不能机械地训练。

4.结合活动内容对幼儿进行安全教育，注重在活动中培养幼儿的自我保护能力。

目标2　具有一定的力量和耐力

教育建议：

1.开展丰富多样、适合幼儿年龄特点的身体活动，鼓励幼儿坚持、不怕累。

目标3　手的动作灵活、协调

教育建议：

1.创造条件和机会，促进幼儿手的动作灵活、协调。

2.引导幼儿注意活动安全。

（三）生活习惯与生活能力

目标1　具有良好的生活与卫生习惯

教育建议：

1.让幼儿保持有规律的生活，养成良好的作息习惯。

2.帮助幼儿养成良好的饮食习惯。

3.帮助幼儿养成良好的个人卫生习惯。

4.激发幼儿参加体育活动的兴趣，养成锻炼的习惯。

目标2　具有基本的生活自理能力

教育建议：

1.鼓励幼儿做力所能及的事情，对幼儿的尝试与努力给予肯定，不因做不好或做得慢而包办代替。

2.指导幼儿学习和掌握生活自理的基本方法。

3.提供有利于幼儿生活自理的条件。

目标3 具备基本的安全知识和自我保护能力

教育建议：

1.创设安全的生活环境，提供必要的保护措施。

2.结合生活实际对幼儿进行安全教育。

3.教给幼儿简单的自救和求救的方法。

5.《3~6岁儿童学习与发展指南》关于艺术教育活动的具体要求（摘要）

成人应对幼儿的艺术表现给予充分的理解和尊重，不能用自己的审美标准去评判幼儿，更不能为追求结果的“完美”而对幼儿进行千篇一律的训练，以免扼杀其想象与创造的萌芽。

（一）感受与欣赏

目标1 喜欢自然界与生活中美的事物

教育建议：

1.和幼儿一起感受、发现和欣赏自然环境和人文景观中美的事物。

2.和幼儿一起发现美的事物的特征，感受和欣赏美。

目标2 喜欢欣赏多种多样的艺术形式和作品

教育建议：

1.创造条件让幼儿接触多种艺术形式和作品。

2.尊重幼儿的兴趣和独特感受，理解他们欣赏时的行为。

（二）表现与创造

目标1 喜欢进行艺术活动并大胆表现

教育建议：

1.创造机会和条件，支持幼儿自发的艺术表现和创造。

2.营造安全的心理氛围，让幼儿敢于并乐于展示艺术表现。

目标2 具有初步的艺术表现与创造能力

教育建议：

尊重幼儿自发的表现和创造，并给予适当的指导。

考证真题

1.材料分析题

材料一：活动开始了，教师请幼儿轻轻将椅子搬到自己身旁。这时，有的幼儿抱着椅子，有的幼儿推着椅子，有的幼儿拖着椅子，往老师身边挤，活动室一片混乱。看到这幅情景，教师轻轻走到一名推着椅子的幼儿跟前，抱起他的椅子说："哎呀，小椅子，对不起，你的腿很疼是吗？我帮你揉揉。"教师充满关爱的神情和语言引起幼儿的注意，活动室一下子静了下来。"老师，我不推椅子了""老师，我会抱起椅子的"……推着、拖着椅子的幼儿小心翼翼地抱起椅子，轻轻将椅子放下。教师做出询问小椅子的样子说："现在椅子很高兴，他说谢谢大家爱护他。"

问题：请从教师职业素养的角度，评价教师的教育行为。

材料二：下面是某幼儿园小班张老师的教学片段。

（张老师的铃鼓响起来了，孩子们回到座位上。）

教师："我们都是机器人。"

幼儿："一不许动，二不许笑，三不许露出大门牙。"

教师："小朋友们，我们先来看看电视上播放的是什么？"

（老师按下播放键，电视里出现了新华书店的宣传片）

教师："小朋友们去过这个地方吗？"

幼儿："去过。"

教师："这是什么地方呀？"

幼儿："新华书店。"

教师："你们真棒，你们看新华书店有许多许多的书，是不是？这些书都是分门别类放在一起的，咱们一起来看看有哪些种类呢？"

（老师指着"教育类"这块牌子问幼儿是哪个区，大多数孩子都不识字，都没有反应。）

教师："你们可能不认识这些字，那我们让咱们班的"识字大王"江江来帮帮我们，你们说好不好？"

幼儿："好!"

（江江站起来念出字后，老师放弃了与孩子一起探索书的种类，自己看着电视屏幕一类接着一类给孩子认真讲解，教孩子认字，孩子们在下面念着、听着。）

问题：请结合材料，从儿童观的角度，评析张老师的教育行为。

2.单项选择题

（1）在美术活动中，孩子们正兴致勃勃地做着手工，忽然停电了，教室里光线不足，此时教师应该（　　）。

A.继续组织幼儿手工活动　　B.让幼儿自行选择是否继续

C.组织幼儿进行户外游戏　　D.让幼儿在教室内自由活动

（2）语言活动中，吴老师发现亮亮在往一个女孩身上贴纸条。此刻，吴老师合理的做法是（　　）。

A.停止教学，点名批评　　B.停止教学，让其罚站

C.继续教学，置之不理　　D.继续教学，微笑提醒

（3）郑老师搜集矿泉水瓶、报纸、纸箱、塑料绳等材料，并改造成适合幼儿的教学材料，郑老师的行为是（　　）。

A.环境创设的能力　　B.随机教育的能力

C.教学反思的能力　　D.教学生成的能力

（4）铭铭问吴老师："天上哪颗星星最亮？"吴老师说："老师也不知道，回家后，我们都去想办法找答案，好不好？"这说明吴老师能做到（　　）。

A.尊重个体差异　　B.公平对待幼儿

C.面向全体幼儿　　D.引导幼儿探索

单元检测

1.要发展幼儿的语言能力，教师应采用哪些方法吸引和引导幼儿?

2.你会如何设计与实施诗歌教育活动?

3.在组织幼儿数学教育活动时，幼儿中出现注意力不集中的现象，你会怎么办?

4. 如何开展好幼儿社会教育活动的延伸活动?

5. 幼儿园健康教育活动的内容有哪些?选择幼儿健康教育内容时应注意哪些问题?

6.幼儿园美术教育活动的基本方法有哪些?在开展幼儿园美术教育活动过程中，可能会出现哪些问题?你会如何解决?

7.幼儿园艺术教育领域中，如何实施舞蹈教育活动?

单元二 游戏活动指导

背景介绍

游戏是多数幼儿都喜欢的活动，在游戏活动中幼儿不但能够体验快乐的情感，而且还能够获得认知、能力、社会性等多方面的发展，因此，可以说游戏是幼儿学习的主要方式。在幼儿园中处处都可以开展游戏活动，有教师有计划、有目的地设计与组织的高结构性游戏，也有幼儿自主进行的低结构性游戏，有室外游戏，也有室内游戏。本单元将主要围绕不同游戏活动类型，如室内游戏活动、班级区域游戏活动、户外游戏活动等进行实训。

单元目标

1. 了解幼儿游戏活动的概念及其作用，知道幼儿游戏活动的基本类型，能够尝试设计及评价各类幼儿游戏活动的开展情况。

2. 明确区域游戏活动前应做好哪些充分的准备，能够根据幼儿区域游戏活动情况进行详细的观察、分析、指导，以及总结与评价。

3. 了解不同年龄段幼儿户外游戏活动整体计划的差异性，并能够独立地设计一份完整的幼儿户外游戏活动方案。

任务一　认识游戏活动

1. 任务描述

（1）观看游戏视频一，思考什么是幼儿游戏？幼儿游戏有哪些作用？幼儿游戏主要包括哪几种类型？将思考与讨论的结果填入工作表单（见表3-2-1-1）中。

（2）观看游戏视频二，记录游戏过程，将观察的结果填入工作表单（见表3-2-1-2和表3-2-1-3）中。

（3）尝试设计幼儿体育游戏与智力游戏，并填入工作表单（见表3-2-1-4和表3-2-1-5）。

游戏视频一

游戏视频二

2. 工作表单

表 3-2-1-1

项目	思考、分析
游戏的定义	
游戏的作用	
游戏的类型	

表 3-2-1-2

游戏名称		年龄班级	
游戏类型		指导教师	
观察地点		观察时间	
观察线索提示	游戏过程		
1. 主题的确定 2. 材料的运用与游戏技能 3. 新颖性与创新性 4. 游戏规则的执行 5. 社会参与水平，与同伴合作与交往行为 6. 游戏持续时间 7. 独立自主性（自定主题、自选同伴、主动交流、协调关系等） 8. 游戏材料的提供 9. 教师的指导或影响			
游戏评析			

表 3-2-1-3

游戏名称		年龄班级	
游戏类型		指导教师	
观察地点		观察时间	
游戏材料			
游戏过程			
游戏评析			

表 3-2-1-4

游戏名称	××体育游戏	年龄班级	
游戏类型		实施时间	
游戏材料			
游戏过程			
游戏评析			

表 3-2-1-5

游戏名称	×× 智力游戏	年龄班级	
游戏类型		实施时间	
游戏材料			
游戏过程			
游戏评析			

3. 反思评价

（1）结合本次任务，请写下你的反思。

我的反思：____

____

____

（2）对自己完成的工作表单进行评价，评价表见表3-2-1-6。

表 3-2-1-6

工作表单	完成度	自评打分
工作表单 3-2-1-1	☆☆☆☆☆	☆☆☆☆☆
工作表单 3-2-1-2	☆☆☆☆☆	☆☆☆☆☆
工作表单 3-2-1-3	☆☆☆☆☆	☆☆☆☆☆
工作表单 3-2-1-4	☆☆☆☆☆	☆☆☆☆☆
工作表单 3-2-1-5	☆☆☆☆☆	☆☆☆☆☆

4. 学习支持

（1）游戏的有关理论

早期的游戏理论见表3-2-1-7，当前的游戏理论见表3-2-1-8。

表 3-2-1-7

流　派	代表人物	主要观点
剩余精力说	英国的斯宾塞	游戏是幼儿和高等动物对剩余精力的一种无目的的消耗，即游戏是剩余精力的发泄
松弛说	德国的拉察鲁斯	幼儿由于身心发展水平的限制和生活经验的缺乏，对复杂的外部世界难以适应，很容易疲劳，需要游戏来轻松一下，以便恢复精力
预演说	德国的格罗斯	游戏是对未来生活的一种无意识的准备
生长说	美国的阿普利登	游戏是幼儿能力发展的一种模式，是机体练习技能的一种手段，成长的结果就是游戏，游戏是练习成长的内驱力，幼儿通过游戏可以成长
复演说	美国的霍尔	游戏是人类生物遗传的结果，幼儿游戏是重现祖先生物进化的进程，重现祖先进化过程中产生的动作和活动

表 3-2-1-8

流　派	代表人物	主要观点
精神分析论	奥地利的弗洛伊德	游戏能够补偿现实生活中不能满足的欲望，再现那些难以忍受的体验
新精神分析学派	美国的埃里克森	游戏是情感和思想的一种健康的发泄方式
认知结构论	瑞士的皮亚杰	游戏是学习新的复杂客体和事物的方法，是巩固和扩大概念和技能的方法
学习论	美国的桑代克	游戏是一种学习行为，受社会文化和教育要求的影响，也受学习的效果规律和练习规律的影响

（2）幼儿游戏与成人游戏的区别

幼儿游戏与成人游戏都具有游戏的本质性，但与成人游戏相比，它具有以下几方面的不同。

第一，游戏在各自生活中的地位不同。工作是成人最主要的日常生活，游戏只是作为一种重要的娱乐方式，它可以有效地帮助成人排解来自生活、工作中的紧张、不安、郁闷等消极情绪。幼儿的生活就是游戏，游戏就是幼儿的生活。

第二，游戏的心理状态不同。在成人的意识里，对于游戏活动与非游戏活动有着明显的界限和区分，他们既不会把“正经事儿”当成“游戏”，也不会把“游戏”当成真正的生活。而对于幼儿来说，游戏活动与非游戏活动之间的界限是模糊而游移的。幼儿往往会从生活中走神到游戏中，弄不清楚是“庄子梦蝴蝶，还是蝴蝶梦庄子”。

第三，游戏的内容不同。成人游戏的规则性很强，并带有一定的民族传承性和突出的竞技色彩。在游戏中，成人有着丰富的经验和明确的游戏目标，追求技巧的娴熟，因而成人游戏具有较多的紧张、惊险的刺激因素。幼儿游戏的内容一般是反复操作玩具、互相追逐，以及在假想的情境中扮演角色，游戏多为隐性规则的自然游戏和规则性不强的游戏。

第四，游戏的驱动力不同。在成人游戏的内部动机中，间接动机更为突出。成人往往会为了达到某种游戏之外的目的，如联络人际感情、获得某种物质奖励或成就感，来进行游戏活动。而幼儿游戏的驱动力则是直接和内在的。幼儿很少为了游戏以外的因素，如“为赢得游戏外的什么”去游戏，基本上是“为了游戏而游戏”。

第五，游戏的价值功能不同。成人游戏的探索、求知和发育身心的功能已经大大减弱。游戏对于幼儿身心的成长和发展则具有至关重要的作用。游戏的探究性和审美趣味，对幼儿具有非常重要的自我教育意义。

任务二 区域游戏活动指导

1. 任务描述

（1）选择一个幼儿园班级虚拟区域，分组模拟演练，介绍活动区域。要求：分组将区域材料摆放规整。将模拟演练前的计划与演练后的体会填入工作表单（见表3-2-2-1）中。

娃娃家

（2）观看视频“娃娃家”，可结合《3~6岁儿童学习与发展指南》《幼儿园教师专业标准》进行评价，并填写工作表单（见表3-2-2-2）。

2. 工作表单

表 3-2-2-1

项目	小组设计	个人感受
区域名称		
介绍材料		
介绍规则		

表 3-2-2-2

幼儿名字		活动环境	
观察目标			

（续表）

观察实录	
分 析	
指导建议	

3. 反思评价

（1）结合本次任务，请写下你的反思。

我的反思：______________________________

____

____

（2）对自己完成的工作表单进行评价，评价表见表3-2-2-3。

表 3-2-2-3

工作表单	完成度	自评打分
工作表单 3-2-2-1	☆☆☆☆☆	☆☆☆☆☆
工作表单 3-2-2-2	☆☆☆☆☆	☆☆☆☆☆

4. 学习支持

（1）观察区域活动的注意事项

第一，观察要定点。教师在观察时首先要明确观察哪个区域，并明确该区域主要发展幼儿哪些方面的能力。如“娃娃家”区域活动是主要发展幼儿的社会性，教师可以观察幼儿的同伴交往能力、角色分配能力、遵守规则能力等。

第二，观察要定人。教师要选定区域中的幼儿，可以是一名幼儿也可以是几名幼儿，但如果观察的行为事件较多，尽量不要大范围观察幼儿，否则会影响观察效果。

第三，观察要定事。教师在观察前需要事先明确观察目标，观察目标不应宏观，应越具体越好，如观察幼儿在“娃娃家”区域活动中的一些社会性行为，教师不能将观察目标定为“观察幼儿的社会性”，应尽可能详细地将其定位为“观察幼儿在‘娃娃家’区域活动中是否能够遵守区域规则”或“观察幼儿在‘娃娃家’区域活动中是否能够按照角色进行游戏”等，一次观察的事件不宜过多，否则会给下一步的分析造成负担。

（2）区域活动中的分析要点

第一，客观描述。观察记录的要点是在记录中要尽可能客观描述观察对象的言行，禁忌主观判断。例如，观察幼儿在“娃娃家”区域活动中是否关心、尊重他人。应客观描述幼儿具体出现的言行，禁忌主观下结论。如“××小朋友对另一名小朋友大声说句‘你给我滚’”，而不应描述成：“××小朋友出现骂人的现象。”

第二，分析合理。所谓分析合理是指在分析幼儿的言行时，一定要依据所设定的观察目标中的具体行为进行逐条分析，分析依据可以是观察者的主观观点，但要结合《幼儿园教育指导纲要（试行）》《3~6岁儿童学习与发展指南》《幼儿园教师专业标准（试行）》等文件对幼儿与教师的行为进行合理分析。

第三，建议可行。观察者提出的建议一定是依据分析后的要点给出，禁忌分析与建议相矛盾。建议一定是具体可行的，禁忌宏观、宽泛的建议。建议尽量从环境、教育、家园联系等方面进行阐述。

（3）区域活动中的指导要点

《幼儿园教育指导纲要（试行）》指出，教师应成为幼儿学习活动的支持者、合作者、引导者。在区域活动中，教师扮演什么样的角色取决于幼儿的需要，所以教师在区域活动中要先观察再指导。

第一，兴趣的关注者和激发者。在区域活动中，教师应多以旁观者、欣赏者的身份出现，可以是听众，倾听幼儿间的交流、感受；可以是观众，观察幼儿的行为表现。在倾听和观察中，教师分析幼儿、理解幼儿，磨炼自己的教育直觉，提升自己的教育智慧，为有针对性地指导做铺垫。当幼儿在活动中兴趣减弱或转移时，教师可以以玩伴的身份参与活动，摸清情况，激发幼儿的活动兴趣。

第二，思考的导航者和合作者。当幼儿在活动中产生疑问时，教师可以为其提供解决问题的信息，帮助幼儿寻找探究问题的角度，为幼儿导航。当幼儿在活动中寻找帮助或伙伴时，教师适时恰当地出现，成为一个很好的合作者。

第三，愿望的支持者和喜悦的分享者。幼儿用自己的想法进行操作时，教师应多以赞赏的眼光，支持他们去尝试、实践自己的想法。当幼儿通过多次努力而感觉自己有收获时，教师应该向他表示祝贺，并与整个集体起分享他的快乐。

任务三　户外游戏活动指导

1. 任务描述

（1）学生自行确定户外游戏活动的主题，认真思考活动目标。结合《3~6岁儿童学习与发展指南》，从认知、情感、技能三个方面将思考结果填入工作表单（3-2-3-1）中。

（2）观看“足球保龄球”视频，思考活动的具体流程，将思考结果填入工作单（见表3-2-3-2）中。

足球保龄球

2. 工作表单

表 3-2-3-1

主题		年龄阶段	
活动名称 1		活动类型	
活动目标			
活动名称 2		活动类型	
活动目标			
活动名称 3		活动类型	
活动目标			

表 3-2-3-2

主题		年龄阶段		分数	
活动目标					
活动准备					
活动过程					

幼儿户外游戏活动方案评分标准见表3-2-3-3。

表 3-2-3-3

项目	标准	分值
环节要求	1. 内容条理清晰。 2. 要素全面，包括题目、年龄段、活动目标、活动准备、活动过程等	2 分
活动目标	1. 活动目标应符合该年龄段儿童身心发展的目标及其自身的实际水平。 2. 目标具体、准确、操作性强。 3. 要有情感、能力、知识方面的目标。 4. 活动目标的行为主体保持一致	2 分
活动准备	1. 要有经验准备。 2. 物质准备充分，且能较好服务于游戏活动	2 分
活动过程	1. 活动过程紧紧围绕活动目标开展。 2. 活动过程层次清楚、逻辑性强。 3. 内容详细，要介绍活动的玩法与规则，标明安全注意事项。 4. 重难点突出，师幼互动好，活动目标达成度高	4 分

3. 反思评价

（1）结合本次任务，请写下你的反思。

我的反思：______________________________

____

____

（2）对自己完成的任务单进行评价，评价表见表3-2-3-3。

表 3-2-3-3

工作表单	完成度	自评打分
工作表单 3-2-3-1	☆☆☆☆☆	☆☆☆☆☆
工作表单 3-2-3-2	☆☆☆☆☆	☆☆☆☆☆

4. 学习支持

教育活动案例参考

小班户外游戏活动——圈圈乐

活动人数：12人。

活动时间：20分钟。

◎活动目标

①对玩圈感兴趣，尝试使用多种方法玩圈。

②练习手脚着地爬、钻、平衡等基本技能。

③培养幼儿的团结协作精神。

◎活动准备

①幼儿用的小圈每人一个、手套人手一双、小蚂蚁头饰若干、沙包若干、平衡木两条、塑料篮子两个。

2.欢快的背景音乐光盘（或U盘）。

◎活动过程

1.热身运动：师幼共同做操

师幼每人一个圈，引导幼儿随音乐一起做操，活动身体各关节。

2.指导幼儿玩圈

（1）教师：小朋友，你们手上的圈圈除了用于做操，还可以怎样玩呢？

幼儿讨论玩法。

教师：想不想玩玩呢？

幼儿：想！

（2）幼儿自由玩圈

教师：那，大家就来玩圈喽！

请幼儿说一说怎样玩圈的？并演示玩法。

（3）鼓励幼儿探索圈的多种玩法

教师：我们来比一比，看谁的玩法多哦！

幼儿尝试圈的多种玩法，如滚圈、转圈、跳圈、套圈等。

（4）引导幼儿合作玩圈

教师：圈圈除了自己玩，和同伴一起可不可以玩呢？（幼儿合作玩）

（5）小结

圈圈的玩法有多种，刚才我们已经体验了，现在来玩个游戏，我们就把玩的圈圈做成游戏里的山洞好吗？

3.组织幼儿玩“小蚂蚁运粮食”的游戏

（1）故事导入

教师：春天到了，花儿开了，蝴蝶飞走了，一群小蚂蚁忙着在运粮食，大家想不想请小蚂蚁来运粮食呢？

幼儿：想！

教师：小蚂蚁是怎样运粮食的呢？请小朋友看老师示范一遍。

（2）教师讲解游戏的规则及玩法

玩法：各组幼儿戴上小蚂蚁头饰，手拿沙包从起点手脚着地爬，依次钻过“山洞”，走过“小桥”，将手中的“粮食”（沙包）送到“粮仓”，然后跑回起点。（情景：用两把小椅子辅助将圈立起来——山洞，平衡木——小桥，塑料篮——粮仓）

（3）结束游戏

小蚂蚁把粮食运回粮仓，很累了，我们就让小蚂蚁在《蝴蝶花》的音乐声中，学蝴蝶慢慢地飞回家吧！

4.放松

提醒幼儿随音乐做放松运动。

知识链接

1.《幼儿园教师专业标准（试行）》对游戏活动的支持与引导的论述（摘要）

44.提供符合幼儿兴趣需要、年龄特点和发展目标的游戏条件。

45.充分利用与合理设计游戏活动空间，提供丰富、适宜的游戏材料，支持、引发和促进幼儿的游戏。

46.鼓励幼儿自主选择游戏内容、伙伴和材料，支持幼儿主动地、创造性地开展游戏，充分体验游戏的快乐和满足。

47.引导幼儿在游戏活动中获得身体、认知、语言和社会性等多方面的发展。

2.《幼儿园工作规程》关于户外活动的论述

第二十九条　幼儿园应当将游戏作为对幼儿进行全面发展教育的重要形式。

幼儿园应当因地制宜创设游戏条件，提供丰富、适宜的游戏材料，保证充足的游戏时间，开展多种游戏。

幼儿园应当根据幼儿的年龄特点指导游戏，鼓励和支持幼儿根据自身兴趣、需要和经验水平，自主选择游戏内容、游戏材料和伙伴，使幼儿在游戏过程中获得积极的情感体验，促进幼儿能力和个性的全面发展。

3.《幼儿园教育指导纲要》中关于户外活动的论述

培养幼儿对体育活动的兴趣是幼儿园体育的重要目标，要根据幼儿的特点组织生动有趣、形式多样的体育活动，吸引幼儿主动参与。

考证真题

1.小班幼儿在“娃之家”游戏活动中，常常出现许多“妈妈在烧饭，每位幼儿都感到很满足”的现象。这反映小班幼儿游戏行为的特点是（　　）。

A.喜欢模仿　　B.喜欢合作

C.协调能力差　　D.角色意识弱

2.在角色游戏中，教师观察幼儿能否主动协商处理玩伴关系，主要考察的是（　　）。

A.幼儿的情绪表达能力　　B.幼儿的社会交往能力

C.幼儿的规则意识　　D.幼儿的思维发展水平

3.幼儿以积木、沙、雪等材料为道具模仿现实生活的游戏是（　　）。

A.表演游戏　　B.结构游戏

C.角色游戏　　D.规则游戏

4.材料分析题

教师在户外投放一些“拱桥”(见图一)，希望幼儿通过走“拱桥”提高平衡能力。但是，有幼儿却将他们翻过来，玩起了“运病人”游戏(见图二)。他们有的拖、有的推、有的拉……玩得不亦乐乎。对此，两位教师反应不同。A教师认为应立即劝阻，并引导幼儿走“拱桥”；B教师认为不应阻止，应支持幼儿的新玩法。

问题：

（1）你更赞同哪位老师的想法？为什么？

（2）你认为“运病人”游戏有什么价值？

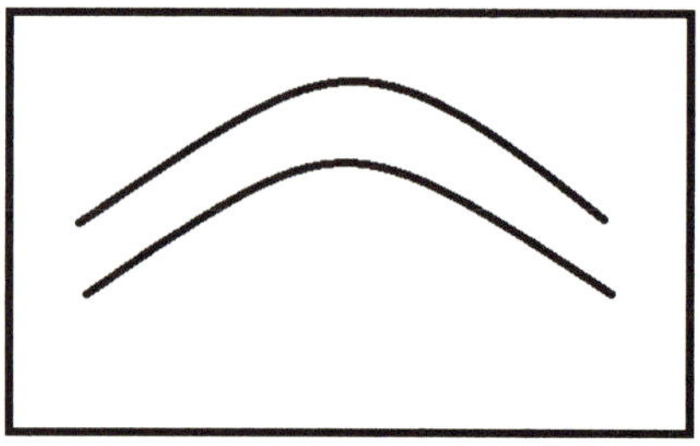

图一

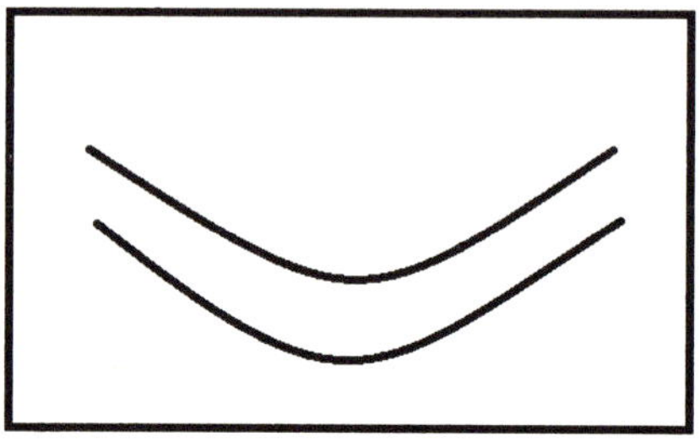

图二

5.论述题：幼儿园集体教学活动和游戏的含义分别是什么？试述两者的区别与联系。

单元检测

1.单项选择题

（1）按游戏社会性的角度来分类，游戏可分为（　　）。

A.练习性游戏、象征性游戏、结构游戏、规则游戏

B.单独游戏、平行游戏、联合游戏、合作游戏

C.探索游戏、创造性游戏、模仿性游戏、宣泄性游戏

D.运动性游戏、智力性游戏、装扮性游戏、操作性游戏

（2）儿童在游戏中，把冰棍当注射器或拿椅子当汽车开，把自己假装成另外一个人，如当医生或布娃娃的妈妈等，这种游戏属于（　　）。

A.练习性游戏　　B.象征性游戏

C.结构游戏　　D.规则游戏

（3）关于儿童游戏场地的说法，正确的是（　　）。

A.游戏场地的空间越大，越有利于人际合作互动

B.场地的空间密度、地点、结构特征及设备位置对幼儿游戏产生着一定的影响

C.游戏时间影响游戏的数量而对质量没有影响

D.一般而言，个人安静的游戏一般应设置为在较大的、开放的空间

（4）设计幼儿户外游戏活动目标时，应注意（　　）。

A.活动目标符合该年龄段身心发展目标及幼儿的实际水平

B.活动目标要具体、准确、操作性强

C.活动目标的要素主要围绕能力与知识两个方面进行设计

D.游戏活动目标的行为主体要保持一致

（5）新开设的班级活动区域，教师应围绕哪些方面进行指导（　　）。

A.向幼儿介绍活动区域　　B.观察幼儿活动情况

C.随时介入，进行指导　　D.对出现问题的幼儿进行指导

（5）区域活动的观察一般观察哪些要素（　　）。

A.材料使用情况　B.规则遵守情况　C.同伴交往情况　D.游戏发展水平

2.材料分析题

（1）某幼儿园中班的建构区，一个男孩（甲）在用软塑料块搭“高楼”，另一个男孩（乙）在他旁边玩飞机，每当甲搭好了“高楼”，乙的“飞机”就开过来撞倒甲的“高楼”，细心的王老师发现，乙的行为并没有引起甲的不悦，每当“高楼”被撞倒后，甲就迅速地又搭起一座“高楼”，似乎在等待着乙的“飞机”的又一次到来。由此，王老师判断两个男孩正在非常默契地玩一种合作游戏，所以不但没有去干预，而是坐到甲的身旁，也拿软塑料块搭“高楼”，一边搭一边说：“我来搭一座不容易撞倒的大楼。”在老师的示范启发下，“高楼”越搭越结实，大家玩得津津有味。

结合教师在幼儿游戏过程中的现场指导策略，分析王老师指导本次游戏的合理之处。

（2）小班幼儿在角色游戏区活动，文文在邮局区摆弄一个称重器。在此之前，孩子们没“邮局”这个角色游戏的经验。教师看到这种情况，拿了一个盒子走过去，对文文说：“我想把这个寄到超市去（旁边有超市游戏区），你能帮我称一下吗？”

文文马上接过盒子，放在称重器上，看了一下，说："100克！"教师问："多少钱？""10块钱。"教师假装付了钱，文文立刻把盒子送到了隔壁的超市。接着，有几个小朋友也学着教师的样子将一些东西寄到旁边的医院、美容院、娃娃家，邮局变得热闹起来。

请分析在这个案例中教师是如何干预幼儿游戏的。

单元三　安全教育指导

背景介绍

《幼儿园教育指导纲要（试行）》指出，幼儿园必须把保护幼儿的生命安全和促进幼儿的健康放在工作的首位。采取有效措施，全方位地保护幼儿的安全，防止各种事故的发生是托幼机构工作的重中之重。生活中充满各种危险因素，幼儿意外伤害事故发生的原因各种各样、错综复杂，其预防对策也应因事而异、因时而异。尤其在托幼机构里，幼儿处于集体教养的状态，保教人员必须高度重视安全工作，不断强化安全意识，精心加以看护和防范，从小事抓起，细心引导，才可能给孩子创造安宁、快乐的生活和学习环境，避免和减少意外事故的发生。

单元目标

1. 了解幼儿园安全的基本内容，掌握幼儿园安全教育的实施方法和步骤。
2. 通过模拟演练能开展幼儿园安全教育活动。
3. 了解幼儿意外伤害的特点，了解幼儿意外伤害的影响因素。
4. 能够根据案例，掌握意外伤害的急救处理程序；通过模拟演练能够准确地运用幼儿园常见意外伤害的处理方法。

任务一 幼儿安全教育

1. 任务描述

（1）观看“幼儿园内设施要小心”动画及《幼儿园教育指导纲要》文件内容，思考以下问题：幼儿园的环境安全包括哪些内容，在创设环境时需要具体从哪些方面进行？幼儿园的设备安全包括哪些内容，在创设环境时需要具体从哪些方面进行？将思考结果填入工作表单（见表3-3-1-1）中。

幼儿园内设施要小心

（2）观看右图二维码链接的视频，思考以下问题：幼儿园安全教育工作的执行应该包括哪些人员？幼儿园如何做好安全教育工作？将思考结果填入工作表单（见表3-3-1-2）中。

幼儿园安全教育工作

（3）模拟演示幼儿教师对幼儿进行安全教育并进行评价，将评价结果填入工作表单（见表3-3-1-2）中。（注：在他评环节中，可个人评价也可小组评价。）

2. 工作表单

表 3-3-1-1

项目	思考、分析
环境安全	
设备安全	

表 3-3-1-2

案例项目	思考、分析
工作人员	
安全教育	

表 3-3-1-3

评价方式	评价要素	评价分析	分数
自评	教师		
	幼儿		
	家长		
	园长		
他评	主班老师		
	幼儿		
	家长		
	园长		

幼儿安全教育模拟演练评分标准见表3-3-1-4。

表 3-3-1-4

项目	标准	分值
脚本设计	1. 角色分配合理、逻辑性强、符合真实情景。 2. 各角色扮演者，语言规范、发音标准、用语得当；仪表、仪态规范，肢体动作优雅，符合礼仪标准。 3. 团队成员分工明确、配合默契，演练过程顺畅、完整	2分
安全教育	1. 教师组织活动前检查场地、用具，明确规则。 2. 教师组织活动时细心管理。 3. 针对活动中的安全问题教师及时开展教育，安全教育方式和方法适合幼儿的年龄特点。 4. 教师及时反馈环境安全问题。 5. 教师与家长沟通顺畅，语言适宜	8分

3. 反思评价

（1）结合本次任务，请写下你的反思。

我的反思：____

（2）对自己完成的工作表单进行评价，评价表见表3-3-1-5。

表 3-3-1-5

工作表单	完成度	自评打分
工作表单 3-3-1-1	☆☆☆☆☆	☆☆☆☆☆
工作表单 3-3-1-2	☆☆☆☆☆	☆☆☆☆☆
工作表单 3-3-1-3	☆☆☆☆☆	☆☆☆☆☆

4.学习支持

（1）幼儿园的安全管理

制定幼儿园安全管理制度：包括门岗管理制度、幼儿接送制度、设备安全检查制度、食堂卫生管理制度、环境和物品消毒制度、药物管理制度、意外事故应急预案等。

建立安全管理工作机制：严格执行各项安全管理制度是减少意外伤害发生的关键。首先，幼儿园各项安全工作应定岗、定人，每项工作要有专人负责和管理，并做到职责清晰、分工明确。其次，成立以园长为组长的安全工作小组。最后，建立安全预警机制和突发事件应急预案。

提供安全环境：《托儿所幼儿园卫生保健工作规范》要求，托幼机构的房屋、场地、家具、玩教具、生活设施等应当符合国家相关安全标准和规定。幼儿园室内环境安全主要包括地面安全、家具和设备安全、空间布局安全、物品摆放安全、玩具和活动材料安全等。幼儿园室外环境的安全主要包括户外活动场地安全、大型玩具设施安全、幼儿园建筑及设施安全。

保证活动安全：教师在组织和开展活动时应以安全为前提，遵循“事先计划、建立规则、细心管理”的安全原则。

（2）幼儿园的安全教育

幼儿园的安全教育可以从以下几个方面进行：

①将安全工作列入幼儿园重要的工作内容。具体要做到建立安全工作责任制与严格执行各项安全规章制度。

②强化保教人员的安全意识。保教人员在对幼儿进行教育教养的各种活动时，对其中有可能对幼儿造成伤害的外在环境条件要有一种戒备、警觉的心理状态。

③加强对幼儿的安全教育。注意安全和自我保护意识的培养；加强安全知识与技能的教育，通常包括生活安全、交通安全、消防安全、食品安全、玩具安全、求救方法教育等方面；加强练习，提高防范能力。有的幼儿园定期举行全园安全演习，通过各种行之有效的方法使幼儿学习实际的防危保安的本领，防止各种事故的发生。

④整合社会资源，家园共创安全环境。幼儿的安全关系到每个家庭，不仅仅是托幼机构的工作任务，更需要全社会共同关注，共同为之努力。所以托幼机构应该充分利用自己在幼儿教育中的主导地位和优势，与交管部门、消防部门、街道等单位共同建立幼儿安全启蒙教育基地，充分发掘、利用其教育资源，提升幼儿的自我防范能力和自我保护能力，并调动全社会的力量，不断建立健全法制，提高全民安全法律素质，努力营造关爱生命、重视幼儿安全的良好社会氛围，共同预防和减少幼儿各类安全事故的发生。

任务二　意外伤害处理

1.任务描述

（1）观看“幼儿安全”动画视频，思考以下问题：幼儿意外伤害的特点有哪些？幼儿意外伤害的发生受哪些因素的影响？可以从哪些方面做好幼儿意外伤害的预防工作？将思考结果填入工作表单（见表3-3-2-1）中。

幼儿安全视频

（2）观看右图二维码链接的视频案例，思考以下问题：幼儿意外伤害的急救原则有哪些？幼儿意外伤害的急救程序是怎样的？面对意外伤害你应该如何处理？将思考结果填入工作表单（见表3-3-2-2）中。

视频案例

（3）模拟演练幼儿常见意外伤害及其处理过程并进行评价，将评价结果填入工作表单（见表3-3-2-3）中。

2.工作表单

表 3-3-2-1

项目	思考、分析
特点	
影响因素	
预防措施	

表 3-3-2-2

案例项目	思考、分析
急救原则	
急救程序	
处理方法	

表 3-3-2-3

评价方式	评价要素	评价分析	分数
自评	主班教师		
	配班教师		
	保健医生		
	幼儿		
他评	主班老师		
	配班老师		
	保健医生		
	幼儿		

意外伤害处理模拟演练评分标准见表3-3-2-4。

表 3-3-2-4

项目	标准	分值
脚本设计	1. 角色分配合理、逻辑性强、符合真实情景。 2. 教师与保健医生角色扮演者，语言规范、发音标准、用语得当；仪表、仪态规范，肢体动作优雅，符合教师礼仪标准。 3. 团队成员分工明确、配合默契，演练过程顺畅、完整	2分
急救程序	1. 幼儿意外伤害发生时，教师立刻做出现场判断。 2. 根据幼儿意外伤害的伤情，教师组织相关人员展开急救处理	4分
处理方法	1. 保健医生与教师安抚幼儿情绪，语言亲切，动作娴熟。 2. 保健医生与教师对伤情处理的方法准确、有效	4分

3. 反思评价

（1）结合本次任务，请写下你的反思。

我的反思：____

____

____

（2）对自己完成的工作表单进行评价，评价表见表3-3-2-5。

表 3-3-2-5

工作表单	完成度	自评打分
工作表单 3-3-1-1	☆☆☆☆☆	☆☆☆☆☆
工作表单 3-3-1-2	☆☆☆☆☆	☆☆☆☆☆
工作表单 3-3-1-3	☆☆☆☆☆	☆☆☆☆☆

4. 学习支持

（1）人工呼吸

人工呼吸常用于抢救脉搏正常，但没有呼吸的伤者。实施方法：首先，判断伤者有无呼吸。将耳贴近伤者的口鼻，或将手放在伤者鼻子附近感觉有无气息，观察伤者胸部有无起伏动作。如没有呼吸，应立即实施抢救。其次，保持呼吸道通畅。使伤者仰卧，将口腔中的异物，如血块、黏液、呕吐物清除，解开衣领、裤带，头向后仰，使呼吸道通畅。最后，实施口对口呼吸。救助者一只手捏住伤者的鼻孔，另一只手托起下颌，伤者的头尽量后仰；嘴紧贴嘴呈密封状，缓慢吹气，直至其胸部隆起。每次吹完一口气，嘴离开，观察伤者胸部回落状况。吹气量大小以吹完气后伤者的胸腹部略有起伏来判定，吹气频率为每3秒1次。救助者需要反复吹气，直至伤者恢复自主呼吸，或是救援医生到达。

（2）心脏按压

实施方法：首先，检查伤者有无心跳。将手放在伤者颈部动脉或股动脉处检查有无搏动；或用耳贴在伤者胸前听有无心跳。若没有脉搏和心跳，要立即实施急救。其次，事前准备。让伤者仰卧在坚实的平面上，或在背部垫上木板。解开伤者衣物，选择按压部位。最后，心脏按压。急救人员跪在伤者的一侧，将一只手掌根部放在伤者心前区，另一只手掌交叉重叠在该手背上，肘关节伸直，有节律地向下冲击压迫，随即放松，让胸部自行弹起，如此反复，直至心跳恢复。心脏按压频率与心率相同。对于幼儿，用单手掌或中间的三根手指按压即可。

（3）鼻出血

幼儿鼻出血时，安慰幼儿不要惊慌、啼哭，安静地坐下，头稍向前倾，减少血液流入口腔引发恶心、呕吐。用手指压迫鼻翼约10分钟，或者用干净的棉球、纸团塞入出血鼻孔。用冷毛巾敷在前额鼻根部或脖子后面，促进血管收缩，减少出血。如果采用上述方法未能止血，应尽快送幼儿去医院医治。

（4）骨折

首先，止血。如果骨折为开放性骨折并伴有出血，先要进行止血处理。其次，固定。对骨骼断端的上下两个关节进行固定，防止搬运过程中，因骨骼断端来回移动损伤周围组织、血管和神经，造成二次损伤。

四肢骨折者的固定方法：就地取材，选用木板或木棍、树枝等硬物，并在木板与肢体接触处垫上毛巾或衣物等松软物品；将断肢的上下两个关节用绷带或绳索与木板捆绑在一起，使断端在搬运过程中不会发生移动。如果没有任何可利用的材料，也可借助伤者身体，如将上肢骨折或躯干、下肢与健肢固定在一起。

脊椎、胸椎、颈椎骨折者的固定和搬运方法：选用硬木板或门板、硬担架作为搬运和固定工具；4人或3人拖住伤者同时抬起，使骨折处不出现移动，将伤者小心平放在木板或硬担架上；用绷带或绳索将伤者整体固定在木板上，然后送医院。或拨打120急救电话，等待专业人员来搬运。

（5）呼吸道异物

手指扣咽喉法 救助者将伤者头后仰，强行用食指沿伤者的颊内侧深入口腔和咽部迅速将异物抠出。

手掌背击法 将伤者上半身倾斜，头向下；救助者一手支托其胸部，另一只手掌连续猛击伤者背部两肩胛间5次，促使伤者咳嗽，将呼吸道异物排出。

腹部推压法 又称海姆立克急救法。救助者从背侧用双手臂环抱伤者腹部；一手放在正中线脐上，另一手紧握此手；救助者用力压伤者腹部6~10次，促使上呼吸道堵塞物吐出。

（6）止血

指压止血法 用手指、手掌或拳头压迫出血血管的上端，将血管压闭，阻断血液流出。该方法的优点是止血迅速，适用于出血量大、紧急情况时，但不适宜长时间使用。

加压止血法 用干净的纱布或毛巾直接按压在伤口处，用手压迫止血，通常压迫

15分钟即可止血；如果仍有血渗透出纱布，可在原有的纱布上再加盖一块纱布继续加压止血。

止血带止血法 先在使用止血带的部位垫上毛巾，然后用止血带扎住。要注意止血带捆扎的松紧度，以摸不到远端的脉搏为宜。

（7）摔伤皮肤青肿

如果有出血，出血量不大，可采取指压止血，送医务室处理伤口。如果伤口较大、较深，在做初步清洗和消毒后，用一干净纱布盖在伤口表面，马上送伤者去医院做进一步的消毒、伤口缝合及抗破伤风处理。如果皮肤没有破损，仅出现红肿或青肿，切不可用手揉伤处，让幼儿试着慢慢活动，确认有无大碍。

知识链接

1.《3~6岁儿童学习与发展指南》（2012）有关安全教育的建议

第一，创设安全的生活环境，提供必要的保护措施。如，要把热水瓶、药品、火柴、刀具等物品放到幼儿够不到的地方；阳台或窗台要有安全保护措施；要使用安全的电源插座等。在公共场所要注意照看好幼儿；幼儿乘车、乘电梯时要有成人陪伴；不把幼儿单独留在家里或汽车里等。

第二，结合生活实际对幼儿进行安全教育。如，外出时，提醒幼儿要紧跟成人，不远离成人的视线，不跟陌生人走，不吃陌生人给的东西；不在河边和马路边玩耍；要遵守交通规则等。帮助幼儿了解周围环境中不安全的事物，不做危险的事。如不动热水壶，不玩火柴或打火机，不摸电源插座，不攀爬窗户或阳台等。帮助幼儿认识常见的安全标识，如小心触电、小心有毒、禁止下河游泳、紧急出口等标识。告诉幼儿不允许别人触摸自己的隐私部位。

第三，教给幼儿简单的自救和求救的方法。如，记住自己家庭的住址、电话号码、父母的姓名和单位，一旦走失时知道向成人求助，并能提供必要信息。遇到火灾或其他紧急情况时，知道拨打110、120、119等求救电话。可利用图书、音像等对幼儿进行逃生和求救方面的教育，并运用游戏方式模拟练习。幼儿园应定期进行火灾、地震等自然灾害的逃生演习。

2.《幼儿园工作规程》（2016）第三章 幼儿园的安全（摘要）

第十二条　幼儿园应当严格执行国家和地方幼儿园安全管理的相关规定，建立健全门卫、房屋、设备、消防、交通、食品、药物、幼儿接送交接、活动组织和幼儿就寝值守等安全防护和检查制度，建立安全责任制和应急预案。

第十三条　幼儿园的园舍应当符合国家和地方的建设标准，以及相关安全、卫生等方面的规范，定期检查维护，保障安全。幼儿园不得设置在污染区和危险区，不得使用危房。幼儿园的设备设施、装修装饰材料、用品用具和玩教具材料等，应当符合国家相关的安全质量标准和环保要求。入园幼儿应当由监护人或者其委托的成年人接送。

考证真题

1.教师引导幼儿擤鼻涕的正确方法是（　　）。

A.把鼻涕吸进鼻腔　　B.先捂一侧鼻孔，再轻擤另一侧

C.同时捏住鼻翼两侧擤　　D.用手背擦鼻涕

2.幼儿在户外活动中扭伤，出现充血、肿胀和疼痛，教师应对幼儿采取的措施是（　　）。

A.停止活动，冷敷扭伤处　　B.停止活动，热敷扭伤处

C.按摩扭伤处，继续活动　　D.清洁扭伤处，继续活动

3.幼儿鼻中隔为易出血区，该处出血后正确的处理方法是（　　）。

A.在鼻根部涂紫药水然后安静休息　　B.让幼儿略低头，冷敷前额鼻部

C.止血后半小时内部剧烈运动　　D.让儿童仰卧休息

单元检测

1.幼儿园应如何对幼儿进行安全教育?

2.托幼机构的日常使用设备各有哪些安全要求?

3.材料分析题

案例：上午幼儿园中3班的小朋友正在教室内玩游戏，李老师在各种不同类型的游戏区域进行观察和引导。王明小朋友来到李老师面前说："李老师，我刚才上厕所时，摔了跤，可是我很勇敢，没有哭。"李老师连忙问道："摔到哪里啦？"王明用手指指头部，李老师赶紧细细地查起来，没有发现王明的头上有明显的伤痕，李老师对王明说："你是个勇敢的孩子，去玩吧。"很快到吃午饭的时间，全班小朋友和往常一样，在各自的座位上吃着自己的那份饭菜，吃着吃着，王明小朋友呕吐了。

问题：请你分析为什么会出现这样的情况？你认为李老师应该如何做?

模块四　班级管理指导

单元一　班级管理

背景介绍

班级管理是搞好幼儿园管理的基础工作，是提高保教质量的基本保证，因而必须予以高度重视。幼儿园班级管理的内在目的，是把幼儿培养成个体生活和社会生活的主体。幼儿园班级管理的外在目的，是形成办园特色，打造办园品牌。幼儿园的发展必须通过班级管理来实现。

单元目标

1. 引导学生在掌握幼儿园家园共育相关知识的基础上学会制订家园共育计划，组织家园共育活动，为学生下一步的实习活动打下坚实的基础，具体实训目标如下：了解幼儿园家园共育的类型、形式、组织及要求；了解幼儿园家园共育计划制订的要求及注意事项；能够通过案例分析教师在制订幼儿园家园共育计划中存在的问题；通过小组合作，能够模拟演练制订幼儿园家园共育计划。

2. 引导学生在了解幼儿园节日活动类型及中国传统节日活动重要性的基础上掌握幼儿园节日活动方案的构成要素，并尝试撰写节日活动方案，具体实训目标如下：了解幼儿园节日活动的类型；了解中国传统节日活动的重要性；熟悉幼儿园节日活动方案的组成环节；能够分组撰写节日活动方案。

任务一　制订工作计划

1. 任务描述

（1）思考问题：幼儿园教育计划的类型、幼儿园教育计划制订的要求及注意事项，如何制订幼儿园周计划，并填写工作表单（见表4-1-1-1）。

（2）观看右图二维码链接的视频，根据视频内容，思考教师如何组织一日活动，完成工作表单（见表4-1-1-2）。

一日活动组织

2. 工作表单

表 4-1-1-1

本周工作重点					
星期 内容	星期一	星期二	星期三	星期四	星期五

表 4-1-1-2

班级　　　　　　日期

活动时间	活动内容

注：活动内容按时间推进，包括日常生活活动、集中教育活动、区域活动等。

3. 反思评价

（1）结合本次任务，请写下你的反思。

我的反思：____

____

____

（2）对自己完成的工作表单进行评价，评价表见表4-1-1-3。

表 4-1-1-3

工作表单	完成度	自评打分
工作表单 4-1-1-1	☆☆☆☆☆	☆☆☆☆☆
工作表单 4-1-1-2	☆☆☆☆☆	☆☆☆☆☆

4.学习支持

幼儿园班级管理功能有以下几个方面。

生活功能：有序、合理地安排幼儿一日生活，对于提高幼儿的生活质量、提高活动频率、促进幼儿发展有重要意义。

教育功能：班级不仅仅是一个生活集体，同时也是一个教育集体。班级是开展集体教育的组织保证。

社会服务功能：《幼儿园工作规程》指出，幼儿园同时为家长参加工作、学习提供便利条件。

任务二　组织家长活动

1. 任务描述

（1）思考问题：幼儿园家长工作的类型，幼儿园家长会工作计划制订的要求及注意事项，完成工作表单（见表4-1-2-1）。

（2）观看右图二维码链接的视频，根据视频内容，思考幼儿园庆“六一”亲子活动的内容有哪些？教师应如何组织活动？完成工作表单（见表4-1-2-2）。

幼儿园庆“六一”亲子活动视频

2. 工作表单

表 4-1-2-1

班级　　　　教师

主 题		主持人		时间	
目的要求					
内容	包括会议基本程序、主持人发言、家长代表发言、幼儿活动、教师总结等				

表 4-1-2-2

主 题		主持人		时间	
目的要求					
内容	包括活动基本程序、园长讲话、幼儿活动及注意事项、总结等				

3. 反思评价

（1）结合本次任务，请写下你的反思。

我的反思：____

____

____

（2）对自己完成的工作表单进行评价，评价表见表 4-1-2-3。

表 4-1-2-3

工作表单	完成度	自评打分
工作表单 4-1-2-1	☆☆☆☆☆	☆☆☆☆☆
工作表单 4-1-2-2	☆☆☆☆☆	☆☆☆☆☆

4. 学习支持

1）家园共育

家庭和幼儿园在教育孩子方面是密不可分的统一体，光靠幼儿园是难以实现幼儿各方面素质的提升的，只有重视家长工作，让家长深入园内，主动参与幼儿园教育中来，成为老师的合作伙伴，才能更深入了解老师的工作，做到更积极地支持老师的工作，这样才能让孩子不管在园内还是在家中都能取得更大的进步。由此可见，家长工作在幼儿园教育中起着极其重要的作用。做好家长工作，帮助家长转变观念，提高家长自身教育水平；做好家长工作，有利于家园合力，更好地实现家园同步。

幼儿的健康成长一定是建立在家园共育的基础上的，孩子能够茁壮成长，更是老师和家长的共同愿望。随着教育理念的不断更新，很多家长对教师的教育指导不再是唯命是从，他们越来越重视幼儿的早期教育，并且有着自己的一套教育理念。

家庭和幼儿园教育是影响幼儿身心发展的两大方面，这两大方面对幼儿的影响必须同方向、同步调才能达到事半功倍的效果。

幼儿教师面对的不仅是千差万别的孩子，而且还有千差万别的幼儿家长。与中小学教师相比，幼儿教师与家长的接触频率要高，幼儿教师每天至少与幼儿家长见两次面，这是必不可少的程序。幼儿教师在对幼儿进行教育指导之前，首先要了解幼儿的家庭状况，包括幼儿家庭的经济状况、家庭成员的政治面貌，以及家长的文化、品德修养、对子女的教育要求等。这对孩子的世界观、人生观、学习观的形成起着潜移默化的影响。

2）亲子游戏

亲子游戏不仅有益于亲子之间的感情交流，密切亲子关系，促进幼儿的健康发展，而且对于幼儿的实物游戏和伙伴游戏也具有重要的促进和影响作用。幼儿在亲子游戏中获得的对待事物的态度、方式和方法，以及人际交往的态度、方法，会迁移到幼儿的实物游戏和伙伴游戏中去。反过来，幼儿在实物游戏和伙伴游戏中获得的经验又会进一步丰富亲子游戏的内容。

亲子活动可以帮助家长了解幼儿的情况，可以缩短教师与家长的距离，同时经过观察教师的教育行为和幼儿的表现，家长反思自己的家庭教育内容和方法，使其在活动中获得正确的育儿观念和育儿方法，并将观念和方法融入与幼儿相处的每一刻，逐步了解培养、教育幼儿的重要性，从而最终实现幼儿的健康和谐发展。

3）幼儿园小班“六一”活动策划方案举例

◎活动目标

①开展庆祝“六一”系列活动，使幼儿在积极地参与中体验合作与交往的快乐。

②家长在参观与参与幼儿的庆祝活动中，进一步感悟幼儿教育的理念。

◎活动准备

①布置富有欢庆气氛的班级环境。

②以班为单位，家长和教师做好参加亲子活动的准备。

③提前布置好活动场地，检查场地的安全。

◎活动内容

①活动一：园长、家长代表、幼儿代表讲话。

②活动二：幼儿早操活动展示。

③活动三：快乐童年过六一，亲子趣味运动会。

任务三　开展节日活动

1. 任务描述

（1）根据《幼儿园元旦游艺活动策划》，分析问题：节日活动方案的构成要素是否齐全？每个环节的设计是否合理？完成工作表单（见表4-1-3-2）。

（2）请自选传统节日活动，小组讨论如何进行节日活动方案设计。将小组将讨论结果填入工作表单（见表4-1-3-3）中。

幼儿园元旦游艺活动策划

2. 工作表单

表 4-1-3-1

项目	查找与分析	分数
活动要素		
活动方案环节		

表 4-1-3-2

节日活动名称	

3. 反思评价

（1）结合本次任务，请写下你的反思。

我的反思：____
____
____

（2）对自己完成的工作表单进行评价，评价表见表4-1-3-3。

工作表单	完成度	自评打分
工作表单 4-1-3-1	☆☆☆☆☆	☆☆☆☆☆
工作表单 4-1-3-2	☆☆☆☆☆	☆☆☆☆☆

4. 学习支持

（1）幼儿园节日活动方案的构成要素

（1）活动思路（意图）

活动思路一般是指节日活动开展的背景及目的，在目的方面可以从幼儿与家长的角度出发进行设计，其内容通常包括认知、情感、能力等。

（2）活动形式

活动形式一般是指活动的方式，如需要明确是文艺演出的方式，还是游艺的方式，或是外出实践与参观等方式。

（3）活动时间和地点

活动时间一般是指开展活动的具体年份、月份、日期等，地点要明确是在园内还是园外，在园内应说明具体在哪个位置，是在操场还是在班级，或是在大型活动室。

（4）活动对象

活动对象指的是都需要谁参加活动，一般多数指向幼儿，但在活动方案设计中常常将家长、幼儿园领导及教师列为活动对象，有时一些后勤人员也可以参与到节日活动之中。

（5）活动组织形式

组织形式一般是指活动是全园性的，还是以班级为主的，在方案设计中需要标注清楚。

（6）有关具体准备工作

准备工作往往涉及实物准备、人员准备及场地准备等。

（7）主要活动程序

一般指按照时间顺序进行活动安排，每个时间段都需要确定具体工作、开展的具体活动，需要对人、事、物做出安排。

（8）其他注意事项

要明确指出在节日活动中，需要注意哪些事项，如安全问题、人员分配及活动安排的细节等。

2）节日活动设计与组织中应注意的事项

（1）注意节日活动的性质

不同节日活动，其体现的内涵及目的也不同。因此，幼儿园教师在组织节日活动时需要根据活动主题最大化地发挥活动的教育价值。

（2）注意幼儿的年龄特点

不同年龄段幼儿的生活经验及兴趣不同，因此，在组织节日活动时需要根据幼儿的年龄差异组织不同的活动，即然是同一主题，活动的内容及方式也可以根据幼儿年龄的差异进行灵活地调整与安排。

（3）注意活动形式的多样性

在节日活动中，教师可以采用不同的形式，如集中教育活动、游戏活动、生活活动等，在不同的活动中有计划地渗透活动内容，借助恰当的活动手段，引导幼儿在潜移默化中受到教育。

知识链接

1.《幼儿园工作规程》关于家园共育的相关要求

第五十二条 幼儿园应当主动与幼儿家庭沟通合作，为家长提供科学育儿宣传指导，帮助家长创设良好的家庭教育环境，共同担负教育幼儿的任务。

第五十三条 幼儿园应当建立幼儿园与家长联系的制度。幼儿园可采取多种形式，指导家长正确了解幼儿园保育和教育的内容、方法，定期召开家长会议，并接待家长的来访和咨询。幼儿园应当认真分析、吸收家长对幼儿园教育与管理工作的意见与建议。幼儿园应当建立家长开放日制度。

第五十四条 幼儿园应当成立家长委员会。家长委员会的主要任务是：对幼儿园的重要决策和事关幼儿切身利益的事项提出意见和建议；发挥家长的专业和资源优势，支持幼儿园保育和教育工作；帮助家长了解幼儿园的工作计划和要求，协助幼儿园开展家庭教育的指导和交流。家长委员会在幼儿园园长指导下开展工作。

2.《幼儿园教师专业标准》关于班级教育计划的相关要求

专业能力要求：

（九）一日生活的组织与保育（节选）

40.合理安排和组织一日生活的各个环节，将教育灵活地渗透到一日生活中。

（十一）教育活动的计划与实施(节选)

48.制定阶段性的教育活动计划和具体活动方案。

考证真题

一、选择题（不定项选择题）

1.节日活动前一般要做好（　　）。

A.确定地点与时间　　B.人员安排

C.具体活动与要求　　C.材料准备

2.目前，节日活动主要的类型有（　　）。

A.参观与访问　　B.庆祝与纪念活动　　C.游艺形式　　D.家长会形式

3.一般情况下，幼儿园节日活动参与的人员包括（　　）。

A.幼而　　B.家长　　C.教职工　　D.社区人员

4.幼儿园节日活动方案主要围绕（　　）环节设计。

A.活动（意图）与活动形式　　B.活动的时间和地点

C.活动对象与组织形式　　D.有关具体准备工作

E.活动程序　　F.其他注意事项

二、问答题

举例说明开展不同节日活动，应提前做好哪些准备。

三、设计幼儿园节日活动方案

要求：节日活动方案按照活动意图、活动时间与地点、活动对象与组织形式、具体准备工作、流程、其他注意事项等环节撰写。

四、模拟演练，开展“六一”儿童节日活动

教师组织班级学生模拟演练“六一”儿童节日活动，对班级人员进行角色分配，1人扮演园长、2人扮演主任、3人扮演班级组长、6人扮演教师，10~15人扮演幼儿，10~15人扮演幼儿家长。要求以游艺方式开展活动。

单元检测

1.幼儿教师与家长在沟通时应注意哪些技巧?

2.父母陪伴对幼儿健康成长有何意义?

单元二　班级环境创设

背景介绍

幼儿园环境创设是指按照科学原则，准备和运用一定的材料对幼儿园环境进行装饰和布置，以促进幼儿与环境的互动，使幼儿心理得到健康发展。环境创设包括物质环境创设与精神环境创设。在幼儿园中，班级环境起着举足轻重的作用，它作为一种“隐形课程”存在于幼儿的学习与生活中，这一“隐形课程”促进了幼儿身心健康成长。本单元主要从班级物质环境创设入手，分别从班级环境的分析与主题墙的设计两个方面对学生进行实训。

实训目的

1. 了解幼儿园班级环境创设的内涵与类型，能够分析班级环境创设的优缺点。

2. 能够独立制作主题墙中的部分作品，并进行合理地分析。

3. 能够通过所掌握的理论与实践知识对一线幼儿园环境创设情况进行分析与评价，并提出合理的建议。

任务一 分析班级环境创设

1. 任务描述

（1）观察幼儿园的班级环境创设情况，请将观察结果填入工作表单（见表4-2-1-1）中。

（2）结合自己的实习经验，设计并制作一个符合幼儿年龄特点的玩教具，并详细阐述其外在特点、玩法及教育价值，填写工作表单（见表4-2-1-2）。

2. 工作表单

表 4-2-1-1

类型	记录、分析	建议
区域环境		
主题墙与吊饰环境		
生活环境		

表 4-2-1-2

项目	玩教具名称：	适合年龄：
外在特点		
具体玩法		
教育价值		

3. 反思评价

（1）结合本次任务，请写下你的反思。

我的反思：______________________________

____

____

（2）对自己完成的工作表单进行评价，评价表见表 4-2-1-3。

工作表单	完成度	自评打分
工作表单 4-2-1-1	☆☆☆☆☆	☆☆☆☆☆
工作表单 4-2-1-2	☆☆☆☆☆	☆☆☆☆☆

4. 学习支持

（1）幼儿园班级环境创设的类型

幼儿园班级环境创设包括主题活动墙面环境创设、天花板设计、生活环境创设、室内区域环境创设，室内区域环境创设主要涉及美工区、语言区、角色区和装扮区、科学区、自然区等区域的环境创设。

（2）当前幼儿园班级环境创设中存在的误区

误区一：注重环境美观较多，体现教育价值较少。

对策：让环境与幼儿形成互动。幼儿园要创设与教育相适应的良好环境，为幼儿提供活动和表现能力的机会和条件。

误区二：教师设想计划较多，幼儿设想计划较少。

对策：让幼儿成为环境创设的主人。教师要转变观念，让幼儿以主人的身份直接参与环境创设。把墙面环境创设的主动权交给孩子。

误区三：观赏成分多，情感互动少。

对策：让墙面环境“说话”。经过良好设计的墙面环境可以起到暗示作用。

误区四：内容多，亮点少。

对策：学会舍弃，抓住孩子的兴趣点。

误区五：重复多，体现年龄特点少。

对策：注重年龄差异，抓住年龄特点。

（3）幼儿园玩教具的概念

玩具：幼儿园中的“玩具”是幼儿的主要学习资源，对玩具的操作是幼儿认识世界的主要途径和重要学习方式，在幼儿眼中，一切具有“玩”性的物品都是玩具。

教具：一般是指教学时用来讲解和说明某事某物的模型、实物、图表和幻灯片等的总称，主要用作教学的辅助物。教育型玩具增加了教具的趣闻性，在某种程度上淡化和模糊了玩具与教具的区别。

玩教具制作：顾名思义，就是自己制作、非工业化生产、不用于商业流通的玩具和教具，一般由成人为幼儿制作或与幼儿共同制作。

（4）幼儿园玩教具制作的特点

幼儿园玩教具应该具备玩具的教育性、科学性、简易性、安全性、审美性等特点。

第一，教育性。自制的玩教具可充分应用于教学活动中，幼儿教师根据课程的教学内容，选择合适类型和形式的玩教具。在授课中操作玩教具成了重要的一种教学手段，丰富了教学组织形式，结合语言与情境引导幼儿进行玩教具的欣赏或操作，达到既定的教学目标。

第二，科学性。自制玩教具属于“教育性玩具”，包含一定的学习任务，因此，制作时要注意它的科学性。首先，是否符合幼儿的年龄特点及认知规律；其次，是否体现幼儿最近的发展需要；再次，所承载的知识、概念和原理是否是幼儿在学前教育阶段可以学习的，教学活动是否寓教于乐；最后，材料、结构、制作流程和使用方法是否符合科学原理。

任务二 设计班级主题墙环创

1. 任务描述

（1）根据幼儿的年龄阶段设计主题墙环境，完成工作表单（见表4-2-2-1）。

要求：设计主题墙的“环境与资源”时要明确设计哪些版块，根据幼儿的年龄特点进行设计，设计的指导策略是根据主体墙环境可以引导幼儿开展相应的活动。

（2）根据预先设计的主题墙，自选材料完成一项作品。将作品的外在特点及教育价值填入工作表单（见表4-2-2-2）中。

要求：作品的外在特点可从选材、制作流程、颜色搭配、风格特点等方面进行描述，作品的教育价值可围绕认知、情感、技能等方面进行阐述。

2. 工作表单

表 4-2-2-1

项目	主题名称
背景	
目的	
环境与资源	
指导策略	
布局规划	

表 4-2-2-2

项目	作品名称
作品外在特点	
教育价值	

3. 反思评价

（1）结合本次任务，请写下你的反思。

我的反思：______________________________
____
____

（2）对自己完成的工作表单进行评价，评价表见表 4-2-2-3。

工作表单	完成度	自评打分
工作表单 4-2-2-1	☆☆☆☆☆	☆☆☆☆☆
工作表单 4-2-2-2	☆☆☆☆☆	☆☆☆☆☆

4. 学习支持

（1）幼儿园主题墙饰的设计要点

幼儿园主题墙饰是一种手法多样化的综合性壁面装饰艺术设计，是集教育性、艺术性为一体的墙面环境装饰设计。它涵盖了绘画、雕塑、剪纸等多种表现形式。

幼儿园主题墙饰主要分布在幼儿园各班教室中，以各学期相关教育内容为主题的各类墙饰设计，包括主教室和副教室设计、环境设计、“红花榜”设计、活动区域设计等。主题墙饰的设计，不仅要求主题鲜明突出，体现相关教育内容，而且要求与教室整体的设计风格和教育内容相呼应和协调。主题墙饰会因各时期教育目标的改变而频繁更换。只有根据幼儿的年龄特点设计适合不同年龄段和主题要求的墙饰，才能达到教育目的，更好地促进幼儿身心的发展。

（2）主题墙饰的类型

装饰性墙饰　是以美化幼儿园室内外环境为目的而设计的，主要作用是点缀、美化幼儿园环境。在幼儿园墙饰设计时，一方面装饰性墙饰数量不宜过多，使用面积不宜过大，材料的选用应尽量简单，否则会喧宾夺主；另一方面，在设计装饰性墙饰的过程中，要注重将文化性、教育性贯穿其中。

“连环画”类墙饰　是以故事为主题的墙饰。这一类主题墙饰具有明显的故事性，主要是以呈现一组画面为主，让幼儿了解一个故事的情节。

幼儿活动成果的墙饰　这类主题墙饰一般是用来展示幼儿活动成果的，如幼儿的手工作品、绘画作品、照片等的展示。

动态的主题性墙饰　这是一种呈现幼儿活动过程的、幼儿积极参与的、动态的主题性墙饰，对幼儿的影响最大。如在开展“祖国我爱你”主题中，将主题墙设计成小火车样式，每一节车厢是一个栏目，教师可以根据活动进展情况不断添加车厢。

知识链接

1.《幼儿园教育指导纲要（试行）》关于环境创设的要求

环境是重要的教育资源，应通过创设和有效利用环境影响幼儿。

2.《3~6岁儿童学习与发展指南》关于环境创设的要求

幼儿教育应注重过程，应与幼儿生活经验相贴近，能够符合幼儿的兴趣、满足每个幼儿的合理需要。幼儿园作为专门性的教育机构，是幼儿学习、生活的重要场所，把环境创设作为幼儿园整体教育的有机组成部分，是实现教育目标的重要途径。

考证真题

1.环境与教育目标相一致的原则是指环境的创设要体现环境的（　　）。

A.目的性　　B.优美　　C.教育性　　D.多样性

2.大一班开展了识字比赛，教师为此创设了班级主题墙环境，如下图所示。

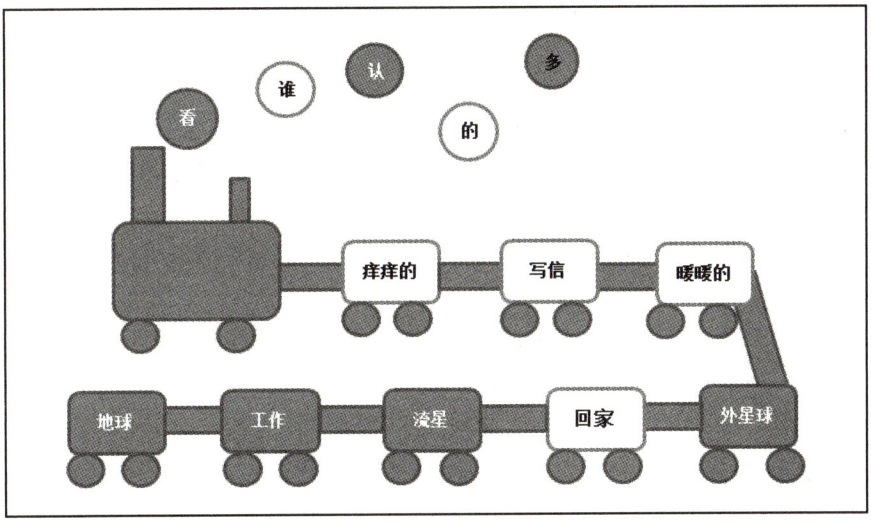

请根据主题墙环境创设的基本原则，对案例中为识字比赛创设的主题墙进行评析。

单元检测

一、选择题

1.幼儿园班级物质环境创设包括（　　）。

A.墙饰环境创设　B.区域环境创设　C.吊饰设计　D.五大领域学习环境创设

2.幼儿园班级墙饰设计包括（　　）。

A.常规墙饰　　B.主题墙饰　　C.互动墙饰　　D.区域墙饰

3.幼儿玩教具制作应考虑的要素包括（　　）

A. 材料的选用　B.幼儿年龄的特点　C.教育价值　D.互动效果

二、问答题

1.在实践中，尝试为幼儿创设具有温馨、情境性的阅读区域环境，并谈谈布置后的效果。

2.结合自己所在班级幼儿的年龄特点，选择一个主题，对班级环境进行设计，可以从区域环境、墙饰设计、吊饰设计等方面进行，并尝试实施。

3.请结合你所在幼儿园的办园理念与特色，谈谈幼儿园环境创设的特点。

模块五　综合技能提升

单元一　主题教育活动

背景介绍

主题教育活动是幼儿园教育教学组织的一种形式与手段，是多领域融合的活动，它打破了学科之间的界限，围绕一个主题将各学科学习内容有机地连接起来，依据幼儿的兴趣需要、生活经验，有计划、有针对性地展开一系列的教育活动，以此发展幼儿的情感、认知、能力、社会性等。本单元主要从认识主题教育活动出发，引导学生尝试设计、实施主题教育活动，通过具体的实训任务锻炼其主题教育活动的设计与组织能力。

单元目标

1. 认识幼儿园主题教育活动。
2. 能够合理分析、评价幼儿园主题教育活动开展的效果。
3. 根据主题尝试绘制主题教育网络图。
4. 能够初步实施主题教育中的个别活动，并进行自我评价与反思。

任务一　认识主题教育活动

1. 任务描述

（1）请根据案例“你变我变大家变”谈谈你对幼儿园主题教育活动的理解。在学习与分析案例的基础上思考主题教育活动包括哪些内容，并完成工作表单（见表5-1-1-1）。

你变我变大家变

（2）在幼儿实习的过程中，查阅当前幼儿园主题教育活动的实施情况，并分析、评价主题教育活动的实际效果，可以从目标完成情况、活动实施效果、环境创设等方面进行评价，完成工作表单（见表5-1-1-2）。

2. 工作表单

表 5-1-1-1

项目	详细记录
主题说明	
主题目标	
环境创设	
生活指导	
家园共育	

（续表）

主题网络图	
分析与评价	

表 5-1-1-2

项目	设计
主题网络图	
主题说明	
主题目标	
环境创设	
生活指导	
家园联系	

3. 反思评价

（1）结合本次任务，请写下你的反思。

我的反思：________________________________

____

____

（2）对自己完成的工作表单进行评价，评价表见表5-1-1-3。

表 5-1-1-3

工作表单	完成度	自评打分
工作表单 5-1-1-1	☆☆☆☆☆	☆☆☆☆☆
工作表单 5-1-1-2	☆☆☆☆☆	☆☆☆☆☆

4.学习支持

（1）幼儿园主题教育活动的内涵及方案的构成要素

我国关于主题教育活动的最早研究始于20世纪二三十年代，其标志为教育家陈鹤琴提出的“五指活动课程”。20世纪80年代中期，南京师范大学与南京实验幼儿园合作进行了“幼儿园综合主题教育”的研究。20世纪90年代至今，随着学前教育课程改革的推进，幼儿园主题教育活动在理论上逐渐丰富，朝着多学科方向发展，而活动形式也日益多样化。

幼儿园主题教育活动一般是指在一定的时间内，围绕一个中心内容（主题）组织的教育教学活动，具体包括教学活动、游戏活动、区域活动、生活活动等。依据概念进行分析，首先从时间维度来看，一个主题教育活动的开展需要持续一段时间，这个时间可以是一周或一个月，如果主题的内容量较大，可能还会持续更长时间。其次，主题内容的确定一定是依据幼儿的身心发展规律、兴趣、需要及生活经验等而确定的。再次，从主题的类型来看，分为教师预设的、幼儿自主生成的、教师与幼儿共同生成的，目前比较倡导幼儿自主生成的主题教育活动。最后，主题教育活动开展的形式集合了教学、游戏、生活、区域等活动，并按照一定的规律将其整合在一起，以主题方式呈现。主题教育活动开展的最终目的是促进幼儿各领域知识与经验的和谐发展。通常情况下，幼儿园主题教育活动方案的构成要素主要包括主题说明、主题目标、主题网络图、主题教育活动的进程安排、主题教育活动内容、环境创设等。

(2) 幼儿园主题教育活动的特点

第一，综合性。所谓综合性是指将不同部分、不同事物的属性合并成一个整体来对待。在幼儿园主题教育活动中，应打破各学科、内容、时间的限制，在设计与实施教育活动时要将多因素视为一个整体来对待，不可单独地割裂某一方面。

第二，关联性。幼儿园主题教育活动的关联性特点主要表现在横向与纵向两个方面。在以主题为核心开展的教育活动中，横向上要保证各领域内容的整合，以某一领域的知识为核心带动其他领域知识的传授；纵向上注意教学内容的前后联系，如在以“颜色”为核心的主题教育活动中，应先教幼儿学会认识“三原色”，然后再认识“七色光谱”等内容。

第三，生成性。主题教育活动中所出现的热点是教师事先所不能决定的，教师应鼓励幼儿进行探究性学习，将有效的指导和幼儿的自主选择相结合。从表面上看，教育的内容是由特定的社会成员设计的，但从深层次上看，幼儿也是教育内容的创造者与开发者。预设的教育内容虽然对于完成预定的教育目标有所帮助，但却不利于教师创造性地发挥，而且预定的内容可能并不适用于所有的地区、幼儿园与教学情景，导致在教育情景中充满了大量的不可预知性，需要教育者在实际的教学过程中灵活变通。因此，倡导预设的主题教育活动在实施中可以考虑多方因素，增加生成性的内容。

第四，全面性。全面性也可以称为多元性，如在目标方面要体现全面性，包括情感态度、认知、能力三维目标，并兼顾幼儿的身心发展水平，同时在目标表述方面还要体现行为目标、生成目标与表现性目标。在内容方面，要考虑主题的多样性与丰富性，如主题内容是否综合了五大领域，是否考虑了幼儿生活经验与文化背景等。在主题教育活动开展形式方面，是否综合了教学、游戏、区域、生活等活动；在资源利用方面，是否有效利用幼儿园、家庭、社区的有利资源，达到共同育人。

任务二　开展主题教育活动

1. 任务描述

（1）根据案例“夏天”，独立设计一份主题教育网络图。主题教育网络图应包括五大领域教学活动、游戏活动、家园联系活动等。

夏天

要求：主题教育网络图可设计为三级主题，且二级主题至少应设计3个（可以是设定的3个二级主题与1个生成的二级主题），完成工作表单（见表5-1-2-1）。

（2）能够根据三级主题教育网络图，设计和开展不同类型主题的教育教学活动，并进行效果评价，完成工作表单（见表5-1-2-2）。

2. 工作表单

表 5-1-2-1

项 目	主题名称		年龄阶段	
主题网络图				

表 5-1-2-2

项目	题目	活动类型
活动目标		
活动准备		
活动过程		
效果评价		

3. 反思与总结

（1）结合本次任务，请写下你的反思。

我的反思：____

____

____

（2）对自己完成的工作表单进行评价，评价表见表5-1-2-3。

工作表单	完成度	自评打分
工作表单 5-1-2-1	☆☆☆☆☆	☆☆☆☆☆
工作表单 5-1-2-2	☆☆☆☆☆	☆☆☆☆☆

4. 学习支持

（1）幼儿园主题教育网络图的内涵及编制类型

主题教育网络图是将与主题有关的经验或概念经过归纳和整理，建立起某种联系，并以网状的形式将其直观形象地呈现出来。主题教育网络图是活动执行的支架，也是主题教育核心目标与实际教育教学活动联结的纽带。在搭建主题教育网络图时需要遵循从主题教育核心目标出发，围绕各活动链的小目标设计整个主题教育活动网络图，一般分为集体教学活动、区域游戏、生活活动、家园共育等版块。其编制类型主要分为发散型、网状型及表格式。

第一，发散型。发散型主题教育网络图也称为思维导图式网络图，即从一个总的知识点出发，向四周延伸，周围相关的知识点都可以作为一个主题进行探究。周围的二级主题或三级主题通常情况下以活动或以知识点进行命名，涵盖了教学、游戏、家园共育、生活等活动。目前，发散型主题教育网络图有多种绘制手法，其中应用较多的是利用基本的几何图形进行绘制，这种绘制手法比较简单，绘制效果简洁、清晰。如图5-1-2-1所示的小班主题教育活动“我上幼儿园”就是利用了几何图形绘制法。

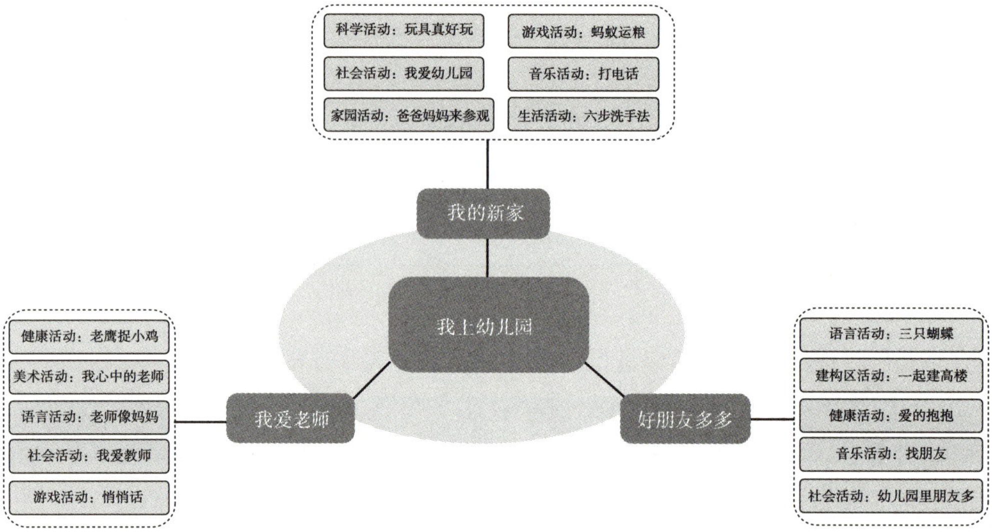

图5-1-2-1

第二，网状型。网状型主题教育网络图也称为蜘蛛网式网络图，是将整个主题结构形象化为网状形，对整个领域进行有机整合，层层递进，形成环环相扣、相互依赖的整体，最大化地推动幼儿发展。同时，编制类型的主题教育网络图也让教师一目了然，便于掌握各主题教育活动的综合度。如5-1-2-2所示的大班主题教育活动“丰收的季节”的网络图就采用了网状型结构。

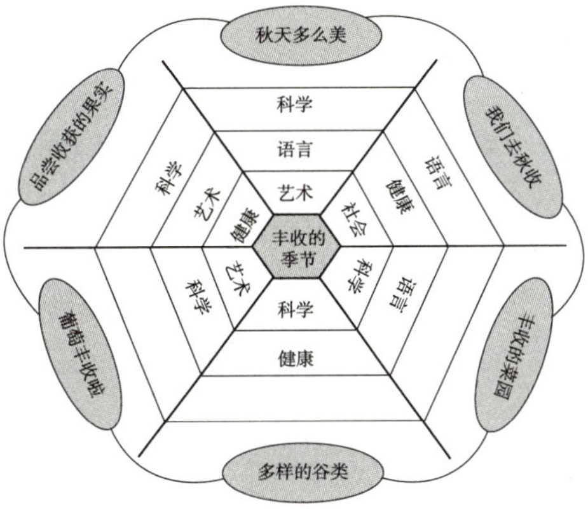

图5-1-2-2

第三，表格式。表格式主题教育网络图是以表格的方式记录主题的各个要素，与其他编制类型具有明显的差异性，它不是简单地罗列各主题活动的名称或知识点，而是详细记录主题构成的诸多要素，如主题说明、主题目标、教学活动、游戏活动、生活活动及环境创设等，能够帮助教师直观而详细地了解主题教育活动开展的具体脉络。

（2）幼儿园主题教育活动设计与实施的要点

幼儿园主题教育活动一般以预设主题为主，在实施的过程中常常会因为幼儿兴趣的转移或突发事件而生成新的主题活动。幼儿园主题教育活动是丰富多彩的，幼儿可以在主题教育活动中获得多方面的发展。

《幼儿园教育指导纲要（试行）》指出，幼儿园的教育内容是全面的、启蒙性的。各个领域的内容互相渗透，从不同的角度促进幼儿情感、态度、能力、知识、技能等各方面的发展。而幼儿园主题教育活动是以“多元智能”理论为基础，以幼儿整合活动为主要课程形式，有机渗透各领域目标，促进幼儿全面和谐发展。主题教育活动核心价值的实现，最关键的是主题教育活动的有效实施。让幼儿能在探索世界的过程中共同学习，共同生活和自由地表现、表达，真正地体现以幼儿为主体，培养幼儿的创新精神。在主题教育活动实施的过程中要关注幼儿的兴趣和需要，以幼儿自主建构为主，教师引导、支持为辅，及时调整和形成适合幼儿发展的实施策略，在反思和改进、生成与创新中完善主题教育活动。

知识链接

1.《幼儿园教育指导纲要（试行）》关于主题教育的相关要求

教育内容的选择要既适合幼儿现有水平，又有一定的挑战性；既符合幼儿现实需要，又有利于其长远的发展；既贴近幼儿的生活来选择幼儿感兴趣的事物和问题，又有助于拓展幼儿的经验和视野。

2.《3~6岁儿童学习与发展指南》关于主题教育的相关要求

关注幼儿学习与发展的整体性。幼儿的发展是一个整体，要注重领域之间、目标之间的相互渗透和整合，促进幼儿身心全面协调发展，而不应片面追求某一方面或几方面的发展。

考证真题

1.某幼儿园的院子里有几种高大的树，也有一些比较低矮的灌木。请你结合院子里的这些资源，设计一个主题为“幼儿园的树木”的中班主题教育活动方案（含3个子活动），要求写出总目标，每个子活动的名称、目的和主要环节。

2.请帮助马老师设计“汽车”主题教育活动。要求：

①确定主题教育活动的总目标。

②围绕主题教育活动设计三个子活动，确定其中一个子活动的具体活动方案，包括活动名称、目标、准备和主要环节。

③确定另外两个子活动的名称、目标。

单元检测

1.经过亲身实践，谈一谈主题教育活动对幼儿成长的价值。

2.在实施主题教育活动前，教师应做哪几个方面的准备？

3.判断一个主题教育活动开展的效果，应从哪几个方面进行分析？

单元二　学前教育研究

背景介绍

随着我国幼教事业的不断发展，幼儿教育研究已被列为幼儿教师的主要职责之一。然而对于大多数幼儿教师来说，要撰写好幼教科研论文确非一件易事。幼儿教师急需提高幼教科研水平。为了提高幼儿教师的研究意识和水平，更好地促进幼儿教育改革，学前教育专业的学生有必要了解学前教育研究的相关知识和方法。

单元目标

1. 初步掌握有关幼儿各种信息和数据的收集与处理能力；
2. 培养学生的观察能力；
3. 培养学生的科研课题申请能力；
4. 培养学生撰写课题研究报告的能力。

任务一　确定课题与课题设计

1. 任务描述

（1）根据实习幼儿园保教实际情况确定课题题目，如幼儿园现存问题的分析等，完成工作表单（见表5-2-1-1）。

（2）查看右图二维码链接的课题申请报告案例，将课题设计方案填入工作表单（见表5-2-1-2）中。

课题申请报告案例

2. 工作表单

表 5-2-1-1

项目	问题分析
幼儿园自身发展存在的问题	
幼儿园教师自身发展存在的问题	
幼儿园小朋友差异性分析	
其他方面	

表 5-2-1-2

项目	内容
界定研究的范围与研究对象	
研究的目的与意义	
研究方法	
研究进程	
研究结果	

3. 反思评价

（1）结合本次任务，请写下你的反思。

我的反思：____

____

____

（2）对自己完成的工作表单进行评价，评价表见表5-2-1-3。

工作表单	完成度	自评打分
工作表单 5-2-1-1	☆☆☆☆☆	☆☆☆☆☆
工作表单 5-2-1-2	☆☆☆☆☆	☆☆☆☆☆

4. 学习支持

（1）学前教育研究课题（选题）的选择

从广义上讲，选题包括两方面含义：一是确定研究的方向，二是确定研究的问题。对于刚开始进行研究的人员，确定选题非常重要。选题要结合自己的工作岗位进行确定，这样有助于在研究过程中收集素材。选择比较新颖的内容，这样才能有所创新。但是对于大多数新入职的教师，选择一些常规的选题比较切合自身情况，当然在其他教师的指导下也可以选择一些具有挑战性的课题。下面罗列的课题可以供大家选择：促进幼儿参与打击乐活动主动性的研究，绘本阅读减轻幼儿分离焦虑，幼儿园家长助教的研究，幼儿园种植活动提升幼儿的责任感的研究，单亲家长的幼儿教育，教师由课程的实施者变成开发者、决策者角色转换的研究，教师实施二期课改支持系统的研究，教师园本化培训的研究，不同背景下教师培养模式与专业发展的研究，教师发展评价研究，学前教育教师素质指标体系的研究，不同地域师资有效流动模式的研究，提高教师反思意识和能力的研究，0~6岁教育机构生态式环境创设及互动有效性的研究，幼儿园管理体制、机制及模式的研究，幼儿园自主管理、自主办园有效性的研究，现代幼儿园法人制度构建、管理、机制的研究，园长实施课程管理的研究，幼儿园提高办园效益的研究，不同性质幼儿园办园成本与效益的研究等。课题研究的相关事项包括填写课题申请书，设计课题论证，阐述课题核心概念的界定，述评国内外研究现状，论述课题的目的、意义及研究价值、研究目标、研究内容、研究假设和拟创新点，论述课题的研究思路、研究方法、技术路线和实施步骤。

（2）如何设计研究课题

首先，掌握学前教育课题研究的设计，可以让幼儿教师对整个研究有一个完整的概念，工作起来更有条理、更有秩序，而且可以向审阅、批准自己研究的机构和领导证明自己研究的可行性，以便得到经费和时间上的支持。研究过程中应侧重课题的研究目标是否能达到，研究的结果是否科学、可靠，研究工作是否能顺利进行、是否有效率。

其次，掌握学前教育课题研究的操作之法。一是界定研究的现象和范围。研究的问题应该限定在一定的范围之内，不能太宽，也不能太窄。研究范围的宽窄取决于研究的时间、地点、经费的多少及研究者的人数和水平。对研究的现象和范围进行语言表述时，要考虑到研究的焦点和覆盖范围，并对重要概念进行定义，使这些概念在研究中具有可操作性。二是确定研究的目的与意义。就是确定研究的现状和趋势，要解决的问题，涉及的学科领域，国内外研究的水平，存在的问题，本课题的学术思想、理论根据，主攻方向及独到之处，研究的实际意义和理论价值。三是了解研究的背景。通过查阅各类文献，收集有关的信息，并做评判性分析。分析内容至少应包括三个方面：前人有关的研究成果，研究者的个人经验，研究者自己对此研究的有关概念框架。四是确定研究的对象。研究的对象必须具有典型性和代表性，这样才能保证研究结果的可靠性。五是研究方法的选择与运用。课题研究的方法很多，每种方法都有不同的作用与操作要求，以及需要不同的主客观条件，选择哪种方法要根据研究的目的和类型来确定，各类方法既是独立的，在课题研究中又要与其他方法配合使用。六是研究结果的检测和评估，分质的方法和量的方法两种。质的方法中主要以检测效度、信度及推论进行，其目的是检测研究的结果是否反映了研究对象的真实情况，是否具有可重复性，是否对研究范围之外的人和事具有借鉴意义。量的方法则是数据的统计方法。

任务二 如何表述研究成果

1. 任务描述

（1）观看右图二维码链接的调研报告案例，了解调研报告的组成和语言特点，完成工作表单（见表5-2-2-1）。

（2）培养学生熟练撰写研究报告的能力，根据教师确定的选题完成工作表单（见表5-2-2-2）。

调研报告案例

2. 工作表单

表 5-2-2-1

表 5-2-2-2

3. 反思评价

（1）结合本次任务，请写下你的反思。

我的反思：______________________________

____

____

（2）对自己完成的工作表单进行评价，评价表见表5-2-2-3。

工作表单	完成度	自评打分
工作表单 5-2-2-1	☆☆☆☆☆	☆☆☆☆☆
工作表单 5-2-2-2	☆☆☆☆☆	☆☆☆☆☆

4. 学习支持

（1）研究成果的表述目的

教育课题研究的成果是针对某种教育现象或某种教育理论进行调查、实验和论证后所得出的新的教育观点、新的教育思想、新的教育方法或新的教育理论。具体地说，研究成果的表述包括以下几方面：第一，显示研究价值。研究成果能丰富所涉及的教育领域的知识和理论，并为新的研究过程提供新的观点、新的材料；有利于深化和发展同类教育课题的研究。第二，提高研究水平。表述教育课题研究成果的过程是研究者把研究中所获得的感性材料，通过艰苦的思维加工、深入研究，上升为理性认识的过程，它对研究者研究能力和水平的提高所产生的作用绝不能低估。第三，促进成果推广。进行教育课题研究的重要目的之一是将取得的研究成果应用于教育实践，以此来推动教育工作。撰写和形成研究报告（论文、专著），才能在不同场合，以不同的形式进行交流，并有针对性地指导教育实践，进而达到推广的目的。

（2）研究成果的表述形式

将研究过程和结果形成文字就是对教育研究成果的表述。教育研究成果的表述形式是多种多样的，研究的任务不同，研究成果的表述形式也不一样，但主要还是用书面语言来表达，这样既有利于成果之间的相互交流和讨论，更有利于成果的保存与继承。一般来说，教育研究成果的表述形式有两大类：一类是教育研究报告，另一类是教育研究论文。在教育研究活动中为了检验某个教育理论或假设，进行相关的实践探索，通过观察、分析、综合和判断推理，如实地描述和记录研究成果所形成的书面报告就是研究报告。教育研究报告是描述教育研究工作的结果或进展的文件，是报告情况、新发现和新成果的文献，是教育工作者经常使用的一种文体，其突出特点是用事实和数据来说明和解释问题。根据教育研究的内容与方法不同，研究报告也有所不同，可以有教育观察报告、教育调查报告、教育实验研究报告、行为研究报告、经验总结报告、个案研究报告等多种形式。学术论文是教育研究者运用一定的研究方法对特定的教育问题、现象、文献或理论进行系统地、专门地研究和探讨，得出新结论、提出新观点、做出新解释、进行新论证的一种理论性文章。它是以阐述对某一事物、问题的理论性认识为主要内容，要求能提出新的观点或新的理论体系，并做出解释和论证。这类论文用深刻的哲理和严密的逻辑论证来说明问题，一般应用于理论性研究成果。它要求论点明确、论据确凿、论述严密，清楚地展示理论观点和体系的形成过程。

研究报告与学术论文为教育科研成果的两种表述形式，既有区别又有联系。其一，研究报告与学术论文在内容要求上存在着一定的差别。一般来说，论文比较简洁精练，它仅仅突出表达一项研究工作中最主要、最精彩和具有创造性的内容。论文含有新的见解或形成新的解释、论点、理论，没有一般研究过程的叙述，也没有过多的具体材料；而研究报告则可以将整个研究工作的重要过程、方法和环节都写进去。其二，研究报告与学术论文在创新性方面存在差别。在创新性方面，学术论文必须在充分阅读和分析大量文献资料的基础上提出新见解、新理论，以补充已有研究的不足，纠正现有说法偏差，填补研究的空白，达到研究的新高；而研究报告则注重陈述研究过程的事实和数据，说明问题，不一定必须要有创新性观点的形成。

（3）研究报告的主要内容与一般结构

一篇规范的教育课题研究报告应回答三个问题：一是为什么要选择该课题进行研究，即这项课题是在怎样的背景下提出来的，研究这项课题有何理论意义和现实意义。二是这项课题是怎样进行研究的，要着重讲清研究的理论依据、目标、内容、方法、步骤，讲清研究的主要过程。三是课题研究取得了哪些研究成果，中小学教育课题研究成果一般应包括理论成果和实践成果两个方面。理论成果侧重于具有一般意义的解决教育教学问题的途径、策略、方法、模式等，实践成果主要是课题研究对研究对象或研究者自身教育教学工作产生的实际效果。

研究报告一般包括标题与署名，摘要和关键词，问题的提出（研究的背景、意义与核心概念），课题研究的目标、内容、方法和过程，课题研究的成果与分析，结论与讨论（效果及建议），参考文献和附录等几个部分。其中“成果与分析”是整篇研究报告最为重要的内容。一份研究报告写得好不好，是否能全面、准确、充分地反映课题研究的基本情况和结果，使研究成果具有推广价值和借鉴意义，主要看“研究成果”部分写得是否具体、系统、丰富、明确。

（4）学术论文的一般结构与语言特点

学术论文的结构一般包括标题、署名、摘要、关键词、正文、注释和参考文献等，其中正文又包括绪论、本论、结论三个部分，是学术论文的主体。

提炼和表述课题研究成果必须使用规范的学术语言，具有朴实的文风。第一，要遵循语法规则，准确表达概念；第二，不宜使用文学色彩过浓的语言，以免影响成果的严肃性和科学性；第三，慎用模糊词语和比较词，用词做到准确无误；第四，评价别人研究成果或与人商榷时，注意行文分寸。

（5）成果表述应注意的问题

教育研究成果的表述应注意以下三个问题：

第一，不能只讲实践成果，不讲理论成果，更不能以“效果”代替“成果”。不少教师在表述课题研究成果时，只讲通过课题研究，学生成绩提高了，教师专业发展了，拿了什么奖，获得了什么荣誉，这显然是将“效果”当成了“成果”。研究报告当然要表述“效果”，因为正是有了“效果”，才说明“成果”的“有用”和“可行”。但是仅仅描述“效果”是不够的，因为别人无法从中学习到什么，这样的研究成果也就没有借鉴意义和推广价值。

第二，研究成果的表述不能过于简略。有的教师在课题研究过程中撰写甚至发表了多篇相关论文，这些论文也许是研究成果的重要内容，在研究报告中不能简单地说“发表了多少篇论文”或者“研究成果详见某某论文”等，而应该将这些论文的观点进行归纳、整合，针对课题研究的“中心问题”形成更加全面、系统的理论成果。如果一个课题是分为几个子课题进行研究的，在成果表述中也要将子课题的研究成果做进一步的提炼和归纳。

第三，研究成果的表述要注意文本格式的规范。一是要规范使用正文中的标题序号，做到前后一致、层级分明，序号后面不要随意使用或重复使用标点符号。二是要规范图表的呈现格式，表名在上，图名在下，并按章节或全文分别统一排序、编号。图表中的数据要准确，相关数据以百分数呈现的，一个系列的数据相加后必须是100，否则就应重新核检。三是要规范参考文献。研究报告或论文中引用已公开的文献时，应按照有关要求规范文献的出处。

附录A 幼儿园一日生活观察日志

幼儿园一日生活观察日志

见习幼儿园			
见习班级		起始时间	
学校指导教师		幼儿园指导教师	
生活环节	时间段	活动内容观察记录（描述幼儿行为、教师工作内容与指导要点）	

（续表）

总结与反思		
1. 你觉得幼儿园一日生活有哪些意义，幼儿都学会了什么？		
2. 在幼儿一日生活的各环节中，你发现幼儿还存在哪些困惑或问题？你认为应怎样解决		
3. 在幼儿园见习过程中，你是否留意到幼儿园教师是如何处理幼儿行为问题的，你有怎样的收获？幼儿园教师身上有哪些值得你学习的地方		

（续表）

4. 经过见习之后，你对幼儿、幼儿教师及幼教工作有怎样的认识（想法）		
5. 你认为幼儿教师具备哪些素质才能做好工作		
指导教师评语		
幼儿园指导教师评语		见习成绩：
学校指导教师评语		见习成绩：

附录B 幼儿园保育见习日志

个人见习计划

见习幼儿园			
见习班级		起始时间	
学校指导教师		幼儿园指导教师	
见习目标			
见习计划			

幼儿一日生活作息时间表

时 间	活动内容	观察记录

备注：

1. 一日生活作息时间表：清晰记录幼儿在园生活各环节的时间、内容。

2. 观察记录主要包括：幼儿一日生活活动内容、幼儿行为描述、教师指导要点。

幼儿园班级周计划记录表

本周工作重点					
星期 内容	星期一	星期二	星期三	星期四	星期五

幼儿进餐活动观察记录和分析表

班 级		人 数		日 期	
进餐类别	早餐　午餐　晚餐				
观察内容	实录				分析与评价
餐前 （幼儿表现、教师行为、环境情况）					
餐中 （幼儿表现、教师行为、环境情况）					
餐后 （幼儿表现、教师行为、环境情况）					

幼儿盥洗活动观察记录和分析表

班 级		人 数		日 期	
盥洗类别	餐后盥洗　如厕后盥洗　其他活动后盥洗				
观察内容	实录			分析与评价	
幼儿行为表现					
教师行为表现					
周围环境情况					

幼儿如厕活动观察记录和分析表

班级		人数		日期	
观察内容	实录				分析与评价
幼儿行为表现					
教师行为表现					
周围环境情况					

幼儿睡眠活动观察记录和分析表

班 级		人 数		日 期	
观察内容	实录				分析与评价
睡眠前（幼儿表现、教师行为、环境情况）					
睡眠中（幼儿表现、教师行为、环境情况）					
睡眠后（幼儿表现、教师行为、环境情况）					

幼儿入园、离园观察记录和分析表

班 级		人 数		日 期	
观察内容	实录				分析与评价
入园活动（幼儿表现、教师行为、周围环境）					
班级		人数		日 期	
观察内容	实录				分析与评价
离园活动（幼儿表现、教师行为、周围环境）					

幼儿园集体教育活动记录和分析表 1

<table>
<tr><td>班 级</td><td></td><td>人数</td><td></td><td>日期</td><td></td></tr>
<tr><td>授课教师</td><td></td><td>领域</td><td></td><td>课时</td><td></td></tr>
<tr><td>活动名称</td><td colspan="3"></td><td>听课教师</td><td></td></tr>
<tr><td>活动目标</td><td colspan="5"></td></tr>
<tr><td colspan="4">教学过程</td><td colspan="2">教学分析</td></tr>
<tr><td colspan="4"></td><td colspan="2"></td></tr>
<tr><td colspan="4">评课与建议</td><td colspan="2">听课启示</td></tr>
<tr><td colspan="4">幼儿学会了什么：

幼儿在活动中的困惑和不足：

教师教学中的优点：

给教师的改进建议：</td><td colspan="2"></td></tr>
</table>

幼儿园集体教育活动记录和分析表 2

班 级		人数		日期	
授课教师		领域		课时	
活动名称				听课教师	
活动目标					
教学过程				教学分析	
评课与建议				听课启示	
幼儿学会了什么： 幼儿在活动中的困惑和不足： 教师教学中的优点： 给教师的改进建议：					

幼儿户外集体教育活动记录和分析表

班 级		人 数		日期	
活动类型	早操器械活动　体育游戏				
观察内容	记录			分析与评价	
活动前（幼儿表现、教师行为、环境情况）					
活动中（幼儿表现、教师行为、环境与材料）					
活动后（幼儿表现、教师行为、环境情况）					

幼儿园班级区域活动分布表

班级		人数		日期	
分析建议					

幼儿园食谱记录和分析表

<table>
<tr><td rowspan="5">食谱记录</td><td>星期
项目</td><td>星期一</td><td>星期二</td><td>星期三</td><td>星期四</td><td>星期五</td></tr>
<tr><td>早餐</td><td></td><td></td><td></td><td></td><td></td></tr>
<tr><td>午餐</td><td></td><td></td><td></td><td></td><td></td></tr>
<tr><td>晚餐</td><td></td><td></td><td></td><td></td><td></td></tr>
<tr><td>间餐</td><td></td><td></td><td></td><td></td><td></td></tr>
<tr><td>食谱分析</td><td colspan="6"></td></tr>
</table>

保育员见习总结与反思

指导教师评语

<table>
<tr><td>
幼儿园指导教师评语：

见习成绩：________________　　　　　　幼儿园指导教师签字：
　　　　　　　　　　　　　　　　　　　日　期：

　　　　　　　　　　　　　　　　　　　见习单位：（盖章）
</td></tr>
<tr><td>
学校指导教师评语：

见习成绩：________________　　　　　　学校指导教师签字：
　　　　　　　　　　　　　　　　　　　日　期：
</td></tr>
</table>

附录C 幼儿园教学见习日志

个人见习计划

见习幼儿园			
见习班级		起始时间	
学校指导教师		幼儿园指导教师	
见习目标			
见习计划			

幼儿园班级周计划记录表

本周工作重点					
星期 内容	星期一	星期二	星期三	星期四	星期五

幼儿疾病与预防观察记录表

观察时间		**疾病名称**	
观察对象		**性 别**	
幼儿疾病症状描述：		护理及预防：	
分析与评价：			

幼儿安全教育观察记录表

观察时间		观察场景	
观察对象		性 别	
幼儿园安全教育环境创设及其制度描述：		幼儿意外伤害事故及处理方法描述：	
分析与评价：			

幼儿集体教学活动记录和分析表 1

班 级		人数		日期	
授课教师		领域		课时	
活动名称				听课教师	
活动目标					

教学过程	教学分析

评课与建议	听课启示
幼儿学会了什么： 幼儿在活动中的困惑和不足： 教师教学中的优点： 给教师的改进建议：	

幼儿集体教学活动记录和分析表 2

<table>
<tr><td>班级</td><td></td><td>人数</td><td></td><td>日期</td><td></td></tr>
<tr><td>授课教师</td><td></td><td>领域</td><td></td><td>课时</td><td></td></tr>
<tr><td>活动名称</td><td colspan="3"></td><td>听课教师</td><td></td></tr>
<tr><td>活动目标</td><td colspan="5"></td></tr>
<tr><td colspan="4">教学过程</td><td colspan="2">教学分析</td></tr>
<tr><td colspan="4"></td><td colspan="2"></td></tr>
<tr><td colspan="4">评课与建议</td><td colspan="2">听课启示</td></tr>
<tr><td colspan="4">幼儿学会了什么：

幼儿在活动中的困惑和不足：

教师教学中的优点：

给教师的改进建议：</td><td colspan="2"></td></tr>
</table>

幼儿户外活动记录和分析表

班 级		人 数		日期	
观活动类型	早操器械活动　体育游戏				
观察内容	记录				分析与评价
活动前（幼儿表现、教师行为、环境情况）					
活动中（幼儿表现、教师行为、环境与材料）					
活动后（幼儿表现、教师行为、环境情况）					

幼儿园班级区域活动分布表

班级		人数		日期	
分析建议					

教学见习总结与反思

指导教师评语

<table>
<tr><td>幼儿园指导教师评语：

见习成绩：________________

幼儿园指导教师签字：
日　期：

见习单位：（盖章）</td></tr>
<tr><td>学校指导教师评语：

见习成绩：________________

学校指导教师签字：
日　期：</td></tr>
</table>

附录D 幼儿园综合见习日志

个人见习计划

<table>
<tr><td>见习幼儿园</td><td colspan="3"></td></tr>
<tr><td>见习班级</td><td></td><td>起始时间</td><td></td></tr>
<tr><td>学校指导教师</td><td></td><td>幼儿园指导教师</td><td></td></tr>
<tr><td colspan="4">见习目标</td></tr>
<tr><td colspan="4"></td></tr>
<tr><td colspan="4">见习计划</td></tr>
<tr><td colspan="4"></td></tr>
</table>

幼儿园班级周计划记录表

本周工作重点					
星期内容	星期一	星期二	星期三	星期四	星期五

幼儿园教育教学活动记录和分析表 1

班 级		人数		日期	
授课教师		领域		课时	
活动名称				听课教师	
活动目标					
教学过程				教学分析	
评课与建议				听课启示	
幼儿学会了什么： 幼儿在活动中的困惑和不足： 教师教学中的优点： 给教师的改进建议：					

幼儿园集体教育教学活动记录和分析表 2

<table>
<tr><td>班级</td><td></td><td>人数</td><td></td><td>日期</td><td></td></tr>
<tr><td>授课教师</td><td></td><td>领域</td><td></td><td>课时</td><td></td></tr>
<tr><td>活动名称</td><td colspan="3"></td><td>听课教师</td><td></td></tr>
<tr><td>活动目标</td><td colspan="5"></td></tr>
<tr><td colspan="4">教学过程</td><td colspan="2">教学分析</td></tr>
<tr><td colspan="4"></td><td colspan="2"></td></tr>
<tr><td colspan="4">评课与建议</td><td colspan="2">听课启示</td></tr>
<tr><td colspan="4">幼儿学会了什么：

幼儿在活动中的困惑和不足：

教师教学中的优点：

给教师的改进建议：</td><td colspan="2"></td></tr>
</table>

幼儿户外游戏活动记录分析表 1

班 级		人 数		日期	
观活动类型	早操器械活动　体育游戏				
观察内容	记录				分析与评价
活动前（幼儿表现、教师行为、环境情况）					
活动中（幼儿表现、教师行为、环境与材料）					
活动后（幼儿表现、教师行为、环境情况）					

幼儿户外游戏活动记录分析表 2

班 级		人 数		日期	
观活动类型	早操器械活动　体育游戏				
观察内容	记录				分析与评价
活动前（幼儿表现、教师行为、环境情况）					
活动中（幼儿表现、教师行为、环境与材料）					
活动后（幼儿表现、教师行为、环境情况）					

听课记录表 1

实习幼儿园：______________________　　　　任课教师：____________

班级		时间		授课人	
授课题目				类型	
教学过程	内容				说明
评价及建议					

说明：评价及建议包括教学目标的设计与达成情况、教学内容的选择、教与学的方式、教具及多媒体课件运用、体育活动的场地器材的布置和运用的合理性等。

听课记录表 2

实习幼儿园：____________　　　　任课教师：________

<table>
<tr><td>班级</td><td></td><td>时间</td><td></td><td>授课人</td><td></td></tr>
<tr><td>授课题目</td><td colspan="3"></td><td>类型</td><td></td></tr>
<tr><td>教学过程</td><td colspan="4">内容</td><td>说明</td></tr>
<tr><td></td><td colspan="4"></td><td></td></tr>
<tr><td>评价及建议</td><td colspan="4"></td><td></td></tr>
</table>

说明：评价及建议包括教学目标的设计与达成情况、教学内容的选择、教与学的方式、教具及多媒体课件运用、体育活动的场地器材的布置和运用的合理性等。

教育活动设计 1

______ 年 ______ 月 ______ 日 （星期 _____ ）　　　　指导教师：

实习幼儿园		实习班级	
授课题目			
教学目标			
重点难点			
教具的使用			
教学过程	内 容		说 明
教与学的活动			

（续表）

教与学的活动	
教学设计意图	
反思	

注：教与学的活动包括教学组织形式、教学方式方法、学习方式方法。

教育活动设计 2

______ 年 ______ 月 ______ 日（星期 _____）　　　　指导教师：

实习幼儿园		实习班级	
授课题目			
教学目标			
重点难点			
教具的使用			
教学过程	内 容		说 明
教与学的活动			

（续表）

教与学的活动	
教学设计意图	
反思	

注：教与学的活动包括教学组织形式、教学方式方法、学习方式方法。

幼儿园班级区域活动分布表

<table>
<tr><td>班 级</td><td></td><td>人 数</td><td></td><td>日期</td><td></td></tr>
<tr><td colspan="6"></td></tr>
<tr><td>分析建议</td><td colspan="5"></td></tr>
</table>

幼儿园班级区域活动记录表

班 级		人 数		日期	
分析建议					

家长会、家长开放日活动计划

实习幼儿园：________ 指导教师：________

主题		主持人		时间	
目的要求					
内容	包括：会议基本程序、主持人发言、家长代表发言、幼儿活动、教师总结等。				

幼儿园大型团体活动计划（六一、十一、新年）

实习幼儿园：__________ 指导教师：__________

主题		主持人		时间	
目的要求					
内容	包括：活动基本程序、园长讲话、幼儿活动及注意事项、总结等。				

教育教学综合见习总结与反思

指导教师评语

<table>
<tr><td>幼儿园指导教师评语：

见习成绩：________________　　　　幼儿园指导教师签字：
日　期：

见习单位：（盖章）</td></tr>
<tr><td>学校指导教师评语：

见习成绩：________________　　　　学校指导教师签字：
日　期：</td></tr>
</table>

附录E　第一学期职业技能过关考核表

考核项目	考核成绩	评委签字	学生反思

附录F　第二学期职业技能过关考核表

考核项目	考核成绩	评委签字	学生反思

附录G 第三学期职业技能过关考核表

考核项目	考核成绩	评委签字	学生反思

附录H　第四学期职业技能过关考核表

考核项目	考核成绩	评委签字	学生反思